Hans Gerlach

KOCHEN FAST OHNE ZEIT

Mosaik bei
GOLDMANN

Hans Gerlach

KOCHEN FAST OHNE ZEIT

Mosaik bei
GOLDMANN

Impressum

FSC
Mix
Produktgruppe aus vorbildlich bewirtschafteten Wäldern und anderen kontrollierten Herkünften

Zert.-Nr. SGS-COC-1425
www.fsc.org

Verlagsgruppe Random House FSC-DEU-0100
Das für dieses Buch verwendete FSC-zertifizierte Papier Primaset (FSC) liefert Grycksbo Paper AB, Schweden

1. Auflage

Gestaltung: Thomas Dreher, Simone Mühlbacher
Fotos: Barbara Bonisolli
Foodstyling: Hans Gerlach, Alexander Kühn
Versuchsküche: Alexander Kühn
Umschlaggestaltung: Thomas Dreher
Reproduktion: Lorenz & Zeller, Inning a. Ammersee
Druck und Bindung: Mohn Media GmbH, Gütersloh
Printed in Germany
ISBN 978-3-442-39139-4

www.mosaik-goldmann.de

Bedienungsanleitung

Die Rezepte funktionieren natürlich sehr gut, wenn Sie sie genau befolgen – sind aber offen gedacht, als Anregungen und Beispiele zu den jeweiligen Themen. Ändern Sie die Rezepte, entwickeln Sie sie weiter! Lassen Sie zum Beispiel Kapern weg, wenn Sie keine mögen, und ersetzen Sie Kreuzkümmel durch Fenchelsamen oder ein anderes Gewürz, das Sie besonders schätzen. Alles fürs Gelingen Wichtige steht in den Rezepttexten – ob Sie ihre Kräuter waschen oder nicht, können Sie gerne selber entscheiden. Die Rezepte sind für 4 Personen gedacht, es sei denn, es ist anders angegeben. Dabei sind die Mengen für einen Hauptgang größer als die für eine Vorspeise – wenn Sie eine Vorspeise also als Hauptgang servieren, sollten Sie die Mengen etwas erhöhen.

INHALT

Vorwort

Gratuliere! Sie möchten selbst kochen – das ist die beste und wichtigste Entscheidung für Genuss und gesundes Essen. Sie und ich sind wohl eine kochende Minderheit, leider. Aber wir bestimmen, durch unsere Nachfrage, was in unserem Land frisch auf den Markt kommt. Dafür muss es nicht jeden Tag ein Menü sein, und es schadet nicht, wenn sich ab und zu eine Fertigpizza in unserem Ofen findet. Das lässt sich auch kaum vermeiden, denn wir haben immer weniger Zeit. (Fast) alle Ereignisse unseres täglichen Lebens laufen immer schneller ab. Technische Fortschritte in Produktion, Transport und Kommunikation sorgen für weltweite Zusammenarbeit und Konkurrenz. Die wiederum verstärkt den Druck, noch schneller zu arbeiten. Doch Computer kochen nicht: In der Küche betreten wir eine natürliche Insel der Entschleunigung. Das wissen auch Werber, die nach dem Muster einer bekannten Whiskey-Marke oft und gerne Industrieprodukte mit vorindustriellen, also langsamen, Produktionsbedingungen in Verbindung bringen. Denken Sie nur an die Milchkannen schwenkende Sennerin auf der archetypischen Käse-Alm oder den Gourmet mit Baskenmütze, Rotwein und Baguette als Symbol für französische Weichkäsekultur. In der Welt der Werbung ernten erstaunlich viele junge Frauen mit Rohrkörben allerlei Früchte des Feldes für Nussschnitten, Konfitüren oder Teebeutel.

Doch gerade weil viele eher gemächliche Prozesse zu einem fertigen Essen führen, stehen wir oft unter Zeitdruck, wenn wir selbst kochen wollen. Wie lösen wir dieses Problem? Und zwar ohne auf schlechtes Essen auszuweichen? Eine Antwort liegt auf der Hand: Wir kochen möglichst schnell. Doch die Geschwindigkeit, mit der Sie Zwiebeln schneiden, kann ein Kochbuch kaum beeinflussen, und auch ein weiches Ei kocht immer ungefähr gleich lang. Das heißt: Um trotzdem möglichst schnell kochen zu können, wählen wir also geschickt Zutaten aus, die sich mit eleganten Zubereitungsmethoden schnell in feine Gerichte verwandeln lassen. Um diesen klassischen Ansatz der »schnellen Küche« geht es mir im ersten Teil des Buches. Die Schwerpunkte in den drei ersten Kapiteln sind »Ultrahochgeschwindigkeitsküche«, »schnelle und gesunde Familienküche« und der intelligente Einsatz von Halbfertigprodukten. Wenden wir die Prinzipien der schnellen Küche zusammen mit den Zeitmanagement-Methoden des Profikochs an, um Gäste zu bewirten, dann können wir auch größere Einladungen gut bewältigen. Beispiele finden Sie im vierten Kapitel.

Es gibt noch eine zweite, völlig andere Möglichkeit, unseren Aufenthalt auf der Insel der Entschleunigung zu gestalten: Wir kochen zwar schon einigermaßen schnell, vor allem beschäftigen wir uns jedoch mit der Qualität der erlebten Zeit und nicht mit der absoluten messbaren Dauer von Kochvorgängen. Das klingt abstrakt, ist aber eigentlich ganz einfach: Kochen versetzt uns relativ leicht in einen »Flow« – einen Bewusstseinszustand, in dem man völlig in der gerade ausgeführten Tätigkeit aufgeht. Während so eines Glückszustandes stehen wir scheinbar außerhalb der Zeit. Der Eintritt in den zeitfreien Modus bringt uns zur Ruhe. Die meisten Menschen erleben dieses zeitfreie Denken bei nonverbalen Tätigkeiten, etwa beim Malen oder beim Musizieren, schreibt der amerikanische Soziologe Robert Levine in »Eine Landkarte der Zeit«. Kochen gehört natürlich auch zu diesen Tätigkeiten, die überwiegend von der rechten Gehirnhälfte gesteuert werden – während die linke Gehirnhälfte für Analyse und Zeitwahrnehmung zuständig ist. Rezepte, die den »Flow« begünstigen, schlage ich Ihnen im zweiten Teil des Buches in Kapitel fünf und sechs vor. Im siebten und letzten Kapitel schließlich geht es um Zeitverschiebung, also um eingelegte Gemüse, Saucen und Ragùs: selbst gemachte hochwertige Fertigprodukte.

Die Feinheiten der Zeitwahrnehmung beschreiben Philosophen und Soziologen sicher genauer als ich. Als Koch fasse ich zusammen: Depse diem – Knete den Tag!

Ganz wenig Zeit

Schnell einkaufen, kurz kochen, lange genießen

Wenn Madonna oder Anna Netrebko ein neues Lied proben, spielen sie, um sich die Musik anzueignen, zuerst mit den technischen und künstlerischen Interpretationsmöglichkeiten, die das Stück bietet. Es dauert Tage oder Wochen, bis sie das Lied als Teil ihres Repertoires jederzeit abrufen können. Gesungen ist es dann in wenigen Minuten. Immer wieder, auch noch nach Jahren.

Ein gutes Repertoire hilft Ihnen auch in der Küche, wenn es schnell gehen soll. An Tagen, an denen Sie (fast) keine Zeit zum Kochen haben, können Sie vor allem eines nicht gebrauchen: schwierige Entscheidungen beim Einkauf oder in der Küche. Um die Komplexität des Lebens wenigstens in Bezug auf die Ernährung zu verringern, gibt es nur zwei Möglichkeiten, nämlich den Griff ins Tiefkühlregal oder in Ihr Küchenrepertoire. Ein bekanntes Rezept entlastet Ihren Geist, sowohl im Supermarkt als auch in der Küche. Jeder Neuzugang zum Vorrat ständig abrufbarer Alltagsrezepte vergrößert also Ihre kulinarische Freiheit in Stresssituationen. Probieren Sie ein Gericht aus. Wenn es Ihnen gefällt, wiederholen Sie es immer wieder. Legen Sie sich die haltbaren Zutaten dafür in den Vorratsschrank.

GANZ WENIG ZEIT

Bei meinen Rezepten für minimalen Zeitaufwand geht es – neben gutem Geschmack – um drei Dinge:

1. One-Stop-Shopping: Alle Zutaten sind in einem einzigen Geschäft zu finden. Meistens ist das ein Supermarkt, manchmal auch der Asienladen um die Ecke. Wenn es dort ein spezielles Gewürz, ein Kraut oder eine Käsesorte doch nicht gibt – dann wählen Sie etwas Vergleichbares. Kein Problem.

2. Kochen bedeutet schneiden und abschmecken. Schneiden dauert, das ist klar. Schnell kochen heißt deshalb immer: wenig schneiden. Und zwar in große Stücke, in Scheiben statt Würfel, in breite Streifen und nicht in zarte Julienne.

3. Kurze Garzeiten. Die Grenze liegt für Gerichte mit Kohlenhydraten ungefähr bei 15 Minuten. So lange dauert es mindestens, bis selbst dünne Nudeln bissfest sind. Denn bevor die Nudeln garen, muss erst einmal das Wasser kochen.

Mit einem passenden Rezept im Kopf und einem Supermarkt in der Nähe genügt eine gute halbe Stunde für Einkauf und Küche – das Ergebnis ist ein selbst gekochtes Essen, das den Tag verschönert.

4,50
7,40
€/kg
2,00
7,90
5,90
19,90
10,45
15,80

Kaisersalat

Zeit: 15 Minuten

Der Caesar Salad ist ein Beitrag amerikanischer Küche zur kulinarischen Kultur. Das Rezept ist perfekt – wenige, klar erkennbare Zutaten und eine einfache, aber dennoch besondere Zubereitung. Mitte der zwanziger Jahre des vergangenen Jahrhunderts hatte Tijuana, ein Städtchen nahe der kalifornischen Grenze, magnetische Wirkung auf Hollywoods Prominenz. In den USA herrschte Prohibition, und hier in Mexiko gab es nicht nur Sonne, sondern auch Alkohol. Julia Child, eine sehr bekannte US-amerikanische Kochbuchautorin, erinnert sich an ihren ersten Besuch in Caesar Cardinis Restaurant in Tijuana: »Es war 1925 oder 1926 ... meine Eltern bestellten natürlich Caesars Salat. Caesar Cardini persönlich rollte einen großen Wagen an unseren Tisch, warf Romanasalat in eine riesige Holzschüssel ... Ich sehe vor meinem inneren Auge nur noch, wie er zwei Eier über den Salat schlägt und die Blätter mit den Eiern schwenkt, bis sich eine cremige Saucenhülle um den Salat legt. Zwei Eier in einem Salat? Zwei Eier, die vorher nur eine Minute gekocht wurden? Und Knoblauch-Croûtons und Parmesanspäne? Es war eine Sensation ...« Meine Variante ist noch schneller, leichter und flexibler als Cardinis Originalrezept: Fenchelsamen dürfen, müssen aber nicht rein. Frische Ziegenkäse wie Crottin de Chavignol, Ziegenrollen oder Ziegenkäse in Rebholzasche passen wunderbar dazu – Parmesanspäne aber auch. Und wenn Sie Lust haben, schwenken Sie die Sauce wie der Salat-Kaiser – dafür die Mayonnaise durch ein sehr kurz gekochtes Ei und drei Esslöffel Olivenöl ersetzen.

1 Kopf Romanasalat, 3 EL Mayonnaise, 5 EL Buttermilch, 1 EL grober Senf, Salz, Pfeffer, ⅓ Baguette, 2 EL Öl, 100 g dünne Speckscheiben, ½ TL Fenchelsamen, 100 g frischer Ziegenkäse

Den Salat waschen, trocken schleudern und in breite Streifen schneiden. Mayonnaise, Buttermilch und Senf verrühren, mit Salz und Pfeffer abschmecken. Das Weißbrot in 3 cm große Würfel schneiden. Eine beschichtete Pfanne mit dem Öl erhitzen, die Speckscheiben darin knusprig braten. Aus der Pfanne nehmen und auf Küchenpapier abtropfen lassen. Die Brotwürfel mit den Fenchelsamen im Speckfett goldbraun rösten, dabei häufig wenden oder schwenken. Salatblätter mit der Sauce anmachen, anrichten und mit Speck und Röstbrot garnieren. Ziegenkäse zerbröseln und darüberstreuen.

Kokos-Gurkensalat

Zeit: 10 Minuten

Zarter »grüner« Duft und knackige Konsistenz sind die Vorzüge der Gurke, die sie so sehr zu einem Symbol der Frische gemacht haben, dass sie sogar in kosmetischen Anwendungen für »frische« Haut sorgen soll. Daneben hat die Gurke aber noch eine ganz andere Eigenschaft, die sie bestens für die eilige Küche qualifiziert: Gurken lassen sich gut schneiden. So gut, dass ich schon seit Jahren auf den Film warte, in dem Uma Thurman mit einem rasiermesserscharfen Schwert eine Gurke mitten in der Luft in hauchdünne Scheibchen schnippelt, die dann in Zeitlupe alle nacheinander in eine große Salatschüssel fallen.

1 Schlangengurke, 2 EL Reis, 1 TL schwarze Pfefferkörner, 1 Prise (brauner) Zucker, 100 ml Kokosmilch, 1–2 TL Zitronensaft, 2 EL Fischsauce, 4 Stängel Thaibasilikum oder Minze, Salz

Die Gurke schälen, der Länge nach vierteln, das Kernhaus herausschneiden. Die Stücke 2 cm breit schneiden. Reis und Pfefferkörner in einer kleinen Pfanne ohne Fett 3 Minuten rösten, in einem Mörser mit dem Zucker pulverisieren. Kokosmilch, Zitronensaft und Fischsauce in einem Topf lauwarm erhitzen, mit Salz abschmecken. Gurken und Sauce mischen und anrichten. Mit dem Reispulver bestreuen. Die Kräuterblättchen zupfen und auf dem Salat verteilen.

Eine ganze Mahlzeit wird aus dem Salat, wenn Sie ein Räucherforellenfilet der Länge nach teilen, in kleine Stücke zupfen und mit dem Salat mischen. Dazu passen Pumpernickel oder 100 g Reisnudeln – Letztere nach Packungsanweisung gekocht und unter den Salat gemischt. Mir schmecken die Sorten mit rundem Querschnitt am besten, zum Beispiel vietnamesische Bun-Nudeln.

Chicoréesalat für Studenten

Zeit: 15 Minuten

Trockenfrüchte-Nussmischungen, Studentenfutter, sollen die Gehirntätigkeit fördern. Und die Bitterstoffe aus dem Chicoréesalat stärken die Galle, helfen der Leber beim Entgiften. Ideal für den hedonistischen Bummelstudenten früherer Zeiten. Doch die Kombination schmeckt auch ohne pharmazeutisch bedingte Hintergedanken.

250 g Kalbsschnitzel, 6 EL Olivenöl, Salz, Pfeffer, 3 Chicorées, 1 Passionsfrucht oder 2 EL Orangensaft, 4 EL Studentenfutter

Das Fleisch in fingerbreite Streifen schneiden und mit 2 EL Olivenöl bei großer Hitze 5 Minuten braten. Sobald das Fleisch in der Pfanne liegt, salzen und pfeffern. In der Zwischenzeit den Chicorée in schmale Spalten schneiden – waschen ist überflüssig, die Salatknospen sprießen in sauberen, dunklen Hallen. Sie können ruhig auch den Strunk verwenden, den sollten Sie nur etwas kürzen. Die Passionsfrucht halbieren und auslöffeln, mit Salz, Pfeffer und dem restlichen Olivenöl verrühren, abschmecken. Den Salat mit der Sauce mischen und auf Teller verteilen. Studentenfutter in die Pfanne werfen, umrühren und mit dem Kalbfleisch über den Salat geben.

Salat mit Wassermelone und Entenbrust

Zeit: 20 Minuten

Draußen glühte der Asphalt, als ich diesen Salat zum ersten Mal servierte. Doch im Garten unter einem Sonnenschirm wehte ein Windhauch, wir tranken einen kühlen, cremigen Silvaner von Rudolf Fürst und aßen den frischesten Salat der Welt. Urlaub an einem Montagmittag.

1 Entenbrustfilet (250–300 g), Meersalz, Pfeffer, 2 EL Rapsöl, 1 kg Wassermelone, 100 g Sojasprossen, 3 EL Kürbiskerne, 2 Stängel Zitronenmelisse

Die Hautseite des Entenbrustfilets mit einem scharfen Messer rautenförmig einritzen. Dabei sollen die Schnitte, die quer zur Entenbrust verlaufen, eng nebeneinanderliegen, denn wenn später die Haut knusprig gebraten ist, kann man entlang dieser Linien schöne dünne Scheiben schneiden. Entenbrustfilet mit Salz und Pfeffer würzen und mit 2 EL Öl bei mittlerer Hitze 12 Minuten auf der Hautseite braten.

Wassermelone in Spalten schneiden, schälen, das Fruchtfleisch quer in dreieckige Scheiben schneiden und auf vier Teller verteilen. Sojasprossen waschen (falls nötig) und in einem Sieb abtropfen lassen, auf den Melonenscheiben verteilen. Die Kürbiskerne grob hacken und in einer beschichteten Pfanne ohne Fett rösten, bis sie duften, ebenfalls über die Melonenscheiben streuen. Das Entenbrustfilet wenden, 3 Minuten fertig braten, aus der Pfanne nehmen und kurz ruhen lassen. Das heiße Entenfett über die vier Portionen verteilen, mit Salz und Pfeffer würzen und mit Melisseblättchen garnieren. Das Fleisch in Scheiben schneiden, mit dem Salat anrichten und servieren.

Aglio, olio e pomodorini

Zeit: 15 Minuten

Dieses Rezept von unserer Fotografin Barbara Bonisolli schmeckt wunderbar nach Sommer und Sizilien – am besten natürlich mit Baby-Eiertomaten aus dem eigenen Garten. Barbara und ich sind uns nicht ganz einig, ob die hier angegebene Olivenölmenge wirklich reicht ...

400–500 g Spaghetti, 2–3 Knoblauchzehen, 500 g Cocktailtomaten, 1 Bund Basilikum, 125 ml Olivenöl, 50 g Hartkäse (z. B. Pecorino), Weißbrot

Die Nudeln in einem großen Topf mit Salzwasser ziemlich bissfest kochen. Währenddessen die Sauce vorbereiten: Knoblauch schälen und mit der Faust oder dem Boden einer kleinen Stielkasserolle in grobe Stücke quetschen. Tomaten waschen, trocknen und halbieren. Die dicken Stiele vom Basilikum abzupfen, dünne dürfen dranbleiben, sodass ruhig mehrere Blätter zusammenhängen. Das Olivenöl erhitzen, den Knoblauch zugeben und sehr hellbraun frittieren. Die Tomaten zugeben, ebenfalls 1–2 Minuten frittieren. Das Basilikum zugeben und dann sehr schnell die Nudeln abgießen, nicht abschrecken und tropfnass mit der Sauce mischen. Alles zusammen 1–2 Minuten fertig garen, sodass die Nudeln von der cremig-tomatigen Sauce umhüllt werden. Den Käse über die Nudeln reiben. Mit Weißbrot sofort servieren.

Für Spaghetti aglio, olio e peperoncino, den Klassiker, lassen Sie Tomaten und Basilikum weg und geben zusammen mit dem Knoblauch einige zerbröselte getrocknete Chilischoten in etwas weniger Öl als in unserem Rezept. Nach 10–20 Sekunden kommt ein Bund gehackte Petersilie dazu und dann die Nudeln.

Ob Parmesan drüber soll, ist umstritten. Zu beiden Rezepten passen aber geröstete Brotbrösel. Dafür 4 Weißbrotscheiben vom Vortag im Blitzhacker zerkrümeln, in einer Pfanne unterrühren, 3–4 Minuten rösten, mit 2 EL Olivenöl, Butter oder Schweineschmalz mischen, leicht salzen und vom Herd nehmen.

Reisnudeln mit Knuspergarnelen

Zeit: 15 Minuten

Bei dem Versuch, Garnelen für vietnamesische Rezepte in heißem Fett selbst zu trocknen, entstand dieses saftige Reisnudelgericht auf aglio-olio-Art. Für selbst getrocknete Garnelen lassen Sie die Shrimps im Ganzen. Das Ergebnis ist eine höhere Form von getrockneter Garnele – um Klassen besser als die staubtrockenen Müffeltierchen aus dem Asienladen. Für die übrigens nicht deren Betreiber verantwortlich sind, sondern die harten Lebensmittelimportbestimmungen der Europäischen Union, die keine saftig-frischen halb getrockneten Garnelen akzeptieren.

400–500 g Reisnudeln (je dicker, desto besser: eine oder zwei Varianten finden Sie oft im Supermarkt, größer ist die Auswahl im Asienladen), 100 ml Rapsöl, 125 g kleine Shrimps (roh oder gekocht, ohne Schale), 2 Knoblauchzehen, 1 Bund asiatische Kräuter (auch gemischt, z. B.: Koriander, Thaibasilikum, Perillakraut, Senfkohl), 1–3 Chilischoten, 1 TL Zitronensaft, 2 EL Fischsauce, Salz

Reisnudeln nach Packungsanweisung bissfest kochen. In der Zwischenzeit das Öl erhitzen, die Shrimps sehr grob hacken und im Öl bei schwacher Hitze durch und durch knusprig braten. Knoblauchzehen schälen, die Kräuter zupfen, mit den Chilischoten hacken. Kräutermischung ins Öl geben, dann sehr schnell die Nudeln abgießen, nicht abschrecken und tropfnass mit der Sauce mischen. Mit Zitronensaft, Fischsauce und Salz abschmecken und sofort servieren.

Grüne Mangostreifen geben Ihren Nudeln einen Extrakick. Dafür eine feste Mango kaufen, eine Hälfte davon schälen und mit einem scharfen Messer in feine Streifen schneiden oder mit einer Kastenreibe raspeln. Mangostreifen mit den Kräutern ins Öl geben und dafür auf den Zitronensaft verzichten.

Nudelrisotto

Zeit: 15 Minuten

Ein Risotto auf der Überholspur: Während ein klassisches Risotto selbst beim allerschnellsten Kochlöffelartisten mindestens 20 Minuten dauert, sitzen Sie bei meiner Hochgeschwindigkeits-Version nach dieser Zeit schon minutenlang gemütlich am Tisch. Während der Garzeit entwickelt sich in kürzester Zeit eine sehr schöne Saucencreme zwischen den Nudelkörnern. Die behalten eine faszinierend glatte Oberfläche. Und zwar trotz der Säureattacke beim Ablöschen, ein Moment, den viele italienische Reiskörner nur leicht aufgeraut überstehen.

1 Bund Lauchzwiebeln, 1 Rosmarinzweig, 1 große Aubergine, 1–2 EL Butter, ca. 4 EL trockener griechischer Weißwein, 400 g Nudelreis (siehe Tipp), 1 l Brühe, 100 g Schafskäse, Salz, Pfeffer, 2 EL fruchtiges Olivenöl

Lauchzwiebeln putzen, dabei Wurzeln und welke Blätter entfernen. Die Lauchzwiebeln in breite Ringe schneiden. Rosmarinnadeln abstreifen und hacken. Aubergine klein würfeln und mit Rosmarin, Lauchzwiebeln und Butter 1 Minute anbraten. Die Nudeln dazugeben, nach 1 Minute mit griechischem Wein löschen und mit Brühe aufgießen, aufkochen. Die Hitze reduzieren, mit Deckel nach Packungsanweisung ca. 10 Minuten bissfest kochen, gelegentlich umrühren. Zum Schluss sollte die Brühe fast verschwunden sein. Den Käse zerbröseln und unterrühren. Das Nudelrisotto abschmecken, anrichten, mit Olivenöl beträufeln und servieren.

Nudelreis sind kleine Nudeln in der Form von Reiskörnern. In der türkischen Küche heißen sie *Makarna,* in der griechischen *Kritharaki.* Sie finden die feinen kleinen Suppennudeln aber nicht nur in griechischen oder türkischen Lebensmittelläden, sondern auch im Feinkostregal vieler Supermärkte.

Petersiliensuppe

Zeit: 18 Minuten, mit Schnellkochtopf 15 Minuten

Keine Angst vor dem Schnellkochtopf! Für Pürees und Kartoffel- oder Gemüsesuppen, Sauerkraut und Linsen wirkt das zischende Ungetüm wie ein Turbolader im Auto – es spart Zeit und Energie. Und fliegt doch nur äußerst selten in die Luft. Trotzdem sollten Sie nur dann einen Schnellkochtopf anschaffen, wenn Sie gerne suppige Gerichte essen, bei denen es nicht auf die exakte Einhaltung einer Garzeit ankommt. Sonst verschwindet er bald im unergründlichen Keller der nie benutzten Kochgeräte.

400 g Petersilienwurzeln, 2 Knoblauchzehen, Salz, Pfeffer, Muskat, 400 ml Kokosmilch, 1 Scheibe Pumpernickel, 1 Bund Petersilie, 1 EL kandierte Ananas (oder Rosinen), ½ TL getrocknete Chiliflocken, 1 EL Rapsöl oder Arganöl

Petersilienwurzeln und Knoblauchzehen schälen und grob zerkleinern, mit einem halben Liter Wasser, Kokosmilch, Salz, Pfeffer und Muskat in einem Schnellkochtopf 10 Minuten, ohne Dampftopf 12–14 Minuten weich kochen.

In der Zwischenzeit den Pumpernickel zerkrümeln und in einer Pfanne ohne Fett 2 Minuten rösten. Petersilie und Ananas hacken, mit den getrockneten Chiliflocken in die Pfanne geben, einmal umrühren, leicht salzen und vom Herd nehmen.

Die Petersilienwurzelsuppe cremig pürieren, umrühren und servieren. Mit Pumpernickel-Petersilie-Chili-Ananas bestreuen, etwas Öl in die Suppe träufeln, servieren.

Getrocknete Chilischoten sind mir für manche Rezepte lieber als frische, denn beim Trocknen verschwindet das gemüsige Aroma von roher Paprika und wird durch einen Duft nach Heu, Röstbrot und getrockneten Tomaten oder Pflaumen ersetzt. Besonders aromatisch sind mildere Chilisorten wie Piments d'Espelette aus dem französischen Baskenland. Am letzten Oktoberwochenende steigt im kleinen Dorf Espelette bei Biarritz jedes Jahres eine große Chiliparty.

Feine Fischsuppe

Zeit: 15 Minuten

Nehmen Sie das Rezept mit in die Ferien! Wenn Sie kleine Felsenfische notfalls selber fangen können, um sie direkt aus dem Meer in den Topf auf ihrem Campingkocher zu werfen, schmeckt die Suppe natürlich am besten. Ein kurzer Umweg über den Markt ist aber auch in Ordnung.

100 g Venusmuscheln, 1 Fenchelknolle, 0,1 g Safranfäden (= 1 Döschen), Salz, 300 g Fischfilet (z.B. Rotbarbe, Knurrhahn oder Goldbrasse), 2 Knoblauchzehen, 2 EL Olivenöl, 3 EL kleine Oliven, ½ TL getrocknete Chiliflocken, 100 ml trockener Vermouth

Die Muscheln kalt wässern. Fenchelknolle halbieren und dünn schneiden, Fenchel und Safran mit einem halben Liter Wasser aufkochen. Kräftig salzen und 5 Minuten kochen.

Währenddessen das Fischfilet in mundgerechte Stücke schneiden. Knoblauchzehen schälen und fein schneiden. Die Muscheln abgießen. Olivenöl in einem Topf erhitzen, Muscheln, Knoblauch, Oliven und Chiliflocken zugeben. Einmal umrühren und mit Vermouth löschen. Zudecken und 3 Minuten kochen lassen. Mit dem Fenchelwasser aufgießen, Fischfilet zugeben, aufkochen und ausschalten. Abschmecken, 2 Minuten ziehen lassen und servieren.

Aioli, Rouille und geröstete Weißbrotscheiben passen gut dazu. Beide Saucen gehören zur Familie der Mayonnaisen.

Für die traditionelle Aioli zerreiben Sie einige Knoblauchzehen mit einer kräftigen Prise Salz im Mörser, geben ein Eigelb dazu und schlagen nach und nach etwa 125 ml Olivenöl unter. Mit Salz, Pfeffer und Zitronensaft abschmecken, eventuell mit einem Löffel Suppe etwas verdünnen.

Eine Rouille wird aus der Aioli, wenn Sie eine halbe Weißbrotscheibe in Wasser einweichen, ausdrücken und mit den Knoblauchzehen, Salz und ein oder zwei grob zerkleinerten Chilischoten zerreiben. Falls Sie eine sehr frische rohe Goldbrassenleber bekommen, können Sie auch die noch mit den anderen Zutaten pürieren. Auch die fertige Rouille wird mit etwas Fischsuppe verdünnt.

Beide Saucen sind sehr gut, aber ein bisschen brachial gewürzt. Feiner wird es, wenn Sie junge ungeschälte Knoblauchzehen mit 4–5 EL Olivenöl in einem sehr kleinen Topf sehr langsam hellbraun braten. 6 Zehen reichen, aber es darf auch die ganze Knolle sein. Nach ca. 10 Minuten, wenn die Knoblauchzehen weich sind, können Sie den Inhalt mit einer Gabel leicht herausdrücken und als Basis für eine der beiden Saucen verwenden.

Zander-Teriyaki und Bratsalat

Zeit: 20 Minuten

Nur ein Süßwasserfisch ist ein frischer Fisch – im deutschsprachigen Raum. Es sei denn, Sie leben an Nord- oder Ostsee. Aber selbst dort kommt der größte Teil der Fischlieferungen aus sehr weit entfernten Gewässern. Eine Ausnahme sind Zuchtfische. Auch die reisen zwar quer durch Europa, bevor sie in unseren Töpfen landen, aber zumindest fallen langwierige Transporte auf hoher See weg. Seltsam, dass so wenige Spitzenrestaurants diese einfache Wahrheit in ihrer Menüplanung beherzigen.

200 g (breite) grüne Bohnen, Salz, 4 EL Sojasauce, 1 EL brauner Zucker, 1 TL Fenchelsamen, 500 g Zanderfilet, Pfeffer, 2 Baby-Romanasalate, 3 EL Butter, 1 Limette

Bohnen putzen und in Salzwasser bissfest kochen. Sojasauce und Zucker mit den Fenchelsamen aufkochen, in eine flache Schüssel umfüllen. Zanderfilet der Länge nach in daumendicke Streifen schneiden. Quer in 6–8 cm lange Stücke teilen und in der Marinade wenden.

Den Salat längs vierteln, waschen und trocken schütteln. Mit 2 EL Butter 2 Minuten braten. Die Bohnen abgießen und zum Salat geben, mit Salz und Pfeffer abschmecken. Zanderstreifen aus der Marinade nehmen und mit der restlichen Butter bei großer Hitze in einer beschichteten Pfanne 3–4 Minuten braten. Zum Schluss die restliche Marinade zugeben, vorsichtig schwenken. Mit Salat und Bohnen anrichten und mit Limettenschnitzen servieren. Dazu passt Reis.

Teri heißt Glanz, Yaki bedeutet Grillen. Zucker sorgt für den Glanz, Sojasauce verstärkt Farbe und Aroma des Grillgerichtes. In japanischen Rezepten ist die süße Zutat Mirin, ein sehr süßer Reiswein. Für ein Teriyaki-Grundrezept Sojasauce und Mirin zu gleichen Teilen mischen, nach Geschmack wenig Zucker und Sake zugeben, einmal aufkochen und abkühlen lassen.

Für ein Lachs- oder ein Riesengarnelen-Teriyaki gefällt mir auch eine Variante mit Misopaste: 4 EL Mirin mit 1 EL Sake in einem kleinen Topf zwei Minuten kochen, vom Herd nehmen, 1–2 EL helle Misopaste und 2 EL Sojasauce unterrühren, abkühlen lassen.

Beide Marinaden können Sie gut vorbereiten und im Kühlschrank aufbewahren.

Gedünstete Spitzpaprika mit Lachsfilet

Zeit: 10 Minuten

Paprikaschoten liegen manchmal lange Zeit unbeachtet in meinem Gemüsefach. Dabei gibt es doch wirklich wunderbare Zubereitungen für die bunten Schoten. Zum Beispiel eine cremig-süße Peperonata aus gegrillten, geschälten Paprikaschoten oder mein Kalbsragout mit roter Paprika oder portugiesische Brotpaprika (beide aus dem »Alphabet der feinen Küche«), nicht zu vergessen marinierte Paprikastreifen mit Sardellen und Kapern. Hellgrüne, knackig zarte Spitzpaprika esse ich sogar fast roh – in feinen Streifen. Zur Fotoproduktion brachte Alex Kühn, mein Assistent und Foodstylist, kleine grüne Bratpaprika aus Spanien mit ins Studio, Pimientos de Padron. Wir brieten sie 3 Minuten mit etwas Olivenöl im Ganzen, streuten ein bisschen Fleur de Sel darüber und waren begeistert.

4 türkische Spitzpaprika, 400 g Lachsfilet, 1 Zitrone, 8 Blätter Romanasalat, 4 EL Olivenöl, Salz, Pfeffer, Kreuzkümmel

Spitzpaprika halbieren, entkernen und in dünne Streifen schneiden. Das Lachsfilet in 3 cm große Würfel schneiden, die Zitrone auspressen. Romanasalat waschen und trocken schleudern.

Paprikastreifen mit dem Olivenöl in einer beschichteten Pfanne andünsten, Lachsfilet zugeben und 2–3 Minuten dünsten. Dabei einige Male vorsichtig umrühren. Zitronensaft zugeben und mit Salz, Pfeffer und Kreuzkümmel abschmecken.

Zitronen-Spitzpaprika-Lachs auf dem Salat anrichten und mit Fladenbrot servieren.

Mit weißen Bohnen wird es ein Hauptgang – ein Glas Bohnen abgießen, abspülen, abtropfen, zusammen mit den Paprikastreifen erwärmen und den Lachs zugeben.

Pfeffersteak, narrensicher

Zeit: 10 Minuten

Je weniger Blendwerk in einem Entwurf steckt, desto wichtiger werden die Details. Das gilt für Gebäude wie für Rezeptentwürfe. Dass Pfeffer frisch gemahlen sein muss, ist klar – experimentieren Sie mit verschiedenen Sorten, der Duft kann sich erstaunlich stark unterscheiden. Meine Mutter zerkleinert ihren Pfeffer in einem kleinen Mörser aus dem Chemikerbedarf, dadurch wird der Pfeffer mehr gequetscht als gebrochen und duftet noch mehr. Beim Salz entscheiden Form und Größe der Körner oder Flocken über das Geschmackserlebnis im Mund. Große, dünne Flocken schmecken anders als kleine, kompakte Kristalle. Salze mit Rieselhilfen kommen deshalb nicht in meine Küche. Nicht weil die Rieselhilfe nach Chemie schmeckt, sondern weil die gleichmäßige Oberfläche der Salzkörner ein gleichmäßig langweiliges Mundgefühl bewirkt.

An manchen besonders sauberen Meeresküsten können Sie Ihr eigenes Salz vom Felsen kratzen – das macht Ihr Steak unnachahmlich.

1 EL schwarzer Pfeffer, 4 Rinderrückensteaks (nur je 1 cm dick!), 2 EL Öl, Salz, 1 Bund Schnittlauch, 50 g Salzbutter

Schwarzen Pfeffer schroten, mahlen oder mörsern, die Steaks damit würzen. 2 schwere Pfannen stark erhitzen, Öl in die Pfannen geben, die Steaks darin bei größter Hitze von beiden Seiten je eine knappe Minute braten, salzen – dann ist das Fleisch perfekt gebraten mit rosa Kern. Weil die Fleischscheiben dünn sind, ist jede Garprobe überflüssig. Wenn die Pfanne schwer und heiß ist, kann gar nichts schiefgehen.

Den Schnittlauch in feine Röllchen schneiden, währenddessen kann das Fleisch kurz ruhen. Aber schneiden Sie schnell, sonst wird das Essen kalt. Salzbutter in dünnen Scheiben auf dem Fleisch verteilen, mit Schnittlauch bestreuen. Der Effekt ist der einer besonders frischen Kräuterbutter. Natürlich können Sie dafür auch andere Kräuter als Schnittlauch verwenden.

Was passt dazu? Zum Beispiel ein schnelles Kichererbsenpürée (siehe S. 44) Wenn es noch schneller gehen soll, rate ich zu Weißbrot und Salat. Pommes frites, Ofenkartoffeln, Gratin, Püree, Bratkartoffeln, Rösti, Pommes Anna – die Liste wunderbar passender Kartoffelbeilagen ließe sich endlos fortsetzen, aber jede Art von Kartoffelzubereitung braucht Zeit. Es sei denn, Sie verwenden Chips. Als Beilage zum täglichen Stück Fleisch füllen Großpackungen davon die Regale amerikanischer Supermärkte – Gott sei Dank leben wir in Old Europe.

LAGUIOLE
INOX T8/10

Piccata-Piccata

Zeit: 10 Minuten

Das ursprüngliche Gericht heißt Piccata milanese, dafür werden kleine Kalbsschnitzel zuerst in Mehl, dann in einer Parmesan-Ei-Mischung gewendet, wie ein Wiener Schnitzel ausgebacken und mit Tomatensauce serviert. Das Prinzip eignet sich auch für Zucchini- oder Auberginenscheiben, festere Fischfilets und Hähnchenbrust und schmeckt immer wunderbar. Aber was ist eigentlich das Beste an der Piccata? Die Käse-Ei-Hülle. Also lassen wir die Füllung einfach mal weg.

150 g Parmesan, 4 Eier, Salz, Muskat, 4 EL Olivenöl, 3–4 Knoblauchzehen, 3–4 Thymianzweige, 200 g Pilze (z. B. Egerlinge oder Austernpilze)

Parmesan fein reiben und mit den Eiern verquirlen. Die Masse mit wenig Salz und einer Prise Muskat würzen. Zwei große beschichtete Pfannen mit dem Olivenöl erhitzen. Mit einem Esslöffel kleine Flädchen in die Pfanne setzen. Die Knoblauchzehen nicht schälen, aber leicht quetschen und mit dem Thymian zur Piccata geben. 2 Minuten bei großer Hitze braten, wenden, 2 Minuten fertig braten. In der Zwischenzeit die Pilze putzen, dabei die Stielenden abschneiden, Erdreste abreiben oder abkratzen, nur wenn unbedingt nötig, waschen. Pilze vierteln oder in dicke Scheiben schneiden.

Piccata aus den Pfannen nehmen, Knoblauch, Kräuter und Öl in eine der beiden Pfannen umfüllen, mit den Pilzen 2 Minuten braten, abschmecken und mit der Piccata servieren.

Noch schneller geht es mit fertig geriebenem Käse. Experimentieren Sie auch mit anderen Sorten!

Hähnchenbrustschnitzel mit grünem Spargel und Polenta

Zeit: 15 Minuten

Jedes Mal, wenn ich diese kleinen Schnitzelchen backe, träume ich von saftigen Sandwichs aus den kalten Resten. Mit zarten jungen Spinat- oder Mangoldblättchen, Crème fraîche und Gartengurkenscheiben – aber nie bleibt eins übrig. Verflixt!

125 g Polentagrieß, Salz, Muskat, 500 g grüner Spargel, 1 Bund Frühlingszwiebeln, 4 EL Butter, 4 Hähnchenbrustfilets, 1 Ei, 80 g geriebener Parmesan, 100 g Kirschtomaten, 1 Limette

Einen halben Liter Wasser aufkochen, salzen. Polentagrieß einrühren und 5 Minuten quellen lassen. Zähe Spargelenden abschneiden, Wurzeln und welke Blätter von den Frühlingszwiebeln entfernen. Beides in 5 cm lange Stücke schneiden und mit 1 EL Butter in einer Pfanne mit Deckel 8 Minuten dünsten, mit Salz und Muskat würzen. Die Hähnchenbrustfilets so halbieren, dass dabei je zwei Schnitzel entstehen.

Das Ei in einem tiefen Teller mit einer Gabel verquirlen und mit Salz und Muskat würzen. Die Schnitzel zuerst im Ei, anschließend im geriebenen Käse wenden. Bei mittlerer Hitze in der Butter etwa 6 Minuten lang goldbraun ausbacken. Die Kirschtomaten halbieren und im Spargelgemüse warm werden lassen. Den restlichen Käse in die weiche Polenta rühren, abschmecken. Hähnchenbrustschnitzel mit Polenta, Limettenschnitzen und Spargelgemüse servieren.

Die Parmesanhülle ist – absichtlich und anders als bei einer klassischen italienischen Piccata – sehr dünn. Wenn Sie aber eine dickere Schicht bevorzugen, genügt es, das Fleisch zuerst in Mehl und dann in der klassischen Käse-Ei-Mischung zu wenden.

Mais-Fritter

Zeit: 15 Minuten

1 Dose Mais (Abtropfgewicht 285 g), 2 Eier, Salz, 4 EL Mehl, 2 EL Butter, 250 g Beeren oder andere Saisonfrüchte, Zucker, 150 g Vanillejoghurt

Maisdose öffnen, die Flüssigkeit abgießen. Drei Viertel der Maiskörner mit den beiden Eiern pürieren und mit einer Prise Salz würzen. Mehl und die restlichen Maiskörner unterrühren. In einer beschichteten Pfanne mit 2 EL Butter nacheinander 12 runde Mais-Fritter ausbacken.

Die Maisküchlein mit Beeren anrichten und mit etwas Zucker bestreuen, mit einem Klecks Vanillejoghurt oder einem Löffel halb geschlagenem, fettem Schlagrahm garnieren.

Fritter und Ritter eignen sich beide sowohl für ein rustikales Frühstück als auch für einen gemütlichen Nachtisch. Für die süße Variante jeweils etwas sparsamer salzen und mit Früchten servieren. Für die deftige Version, wie auf der folgenden Seite beschrieben, zuerst die Speckscheiben knusprig braten und dann das austretende Speckfett zum Braten verwenden.

French Toast oder Arme Ritter

Zeit: 15 Minuten

Als Austauschschüler in Minnesota arbeitete ich eine Weile als Tellerwäscher bei einer lokalen »Family-Restaurant«-Kette. Dort gab es keine ausgebildeten Köche, und weil auch nicht alle Burgerbrater lesen konnten, war ein Schritt für Schritt bebildertes Kochbuch, das »Kitchen Manual«, am zentralen Punkt der Küche festgeschraubt. Irgendwann wurde ich befördert und durfte dann auch French Toast brutzeln, nach dem Rezept aus dem Bilderbuch …

3 Eier, 125 ml Milch, Salz, Pfeffer, Muskat, 12 Speckscheiben, 2 EL Öl, 12 fingerdicke Bauernbaguette-Scheiben, 1 Bund Oregano (oder Basilikum)

Eier und Milch verquirlen und mit Salz, Pfeffer und Muskat kräftig würzen. Je 6 Speckscheiben in zwei beschichteten Pfannen mit etwas Öl bei mittlerer Hitze knusprig braten, herausheben und auf Küchenpapier abtropfen lassen. Die Brotscheiben in den Eier-Mix tauchen und im Speckfett von beiden Seiten hellbraun braten.

Oregano zupfen. French Toast auf vier Teller verteilen und mit Speck und Oregano anrichten. Dazu passt zum Beispiel ein kleiner Tomatensalat.

Wantan-Knusper mit Himbeersauce

Zeit: 12 Minuten

250 g Himbeeren, 1–2 EL Puderzucker und Puderzucker zum Bestreuen, 8 Wantan-Nudelblätter (TK, siehe Tipp), 500 ml Öl zum Frittieren

200 g Himbeeren mit dem Puderzucker in einem Blitzhacker mindestens 5 Minuten pürieren. Dann beginnt nämlich das Pektin aus den Beeren die Sauce zu binden – ähnlich wie für eine kalt gerührte Konfitüre. (Wer will, kann die Sauce durch ein Sieb streichen, um die Himbeerkerne zu entfernen.)

Die Nudelblätter mit einer Schere oder einem scharfen Messer in schmale Streifen schneiden. Das Öl in einem kleinen Topf erhitzen, bis ein Teigstreifen im Öl sofort anfängt Blasen zu werfen und sich zu kräuseln. Wantan-Streifen in vier Portionen nacheinander knusprig frittieren, das dauert nur jeweils wenige Sekunden. Mit einem Sieblöffel aus dem Öl nehmen und auf Küchenpapier abtropfen lassen.

Himbeersauce auf vier Teller verteilen, mit den restlichen Himbeeren und den Wantan-Streifen garnieren und mit Puderzucker bestreuen.

Wantan-Nudelteig gibt es tiefgekühlt im Asienladen. Für viele Gerichte benötigt man nur wenige Teigblätter: Dafür einfach den ganzen Block aus dem Tiefkühlfach nehmen, einige Minuten antauen lassen und dann die Nudelblätter langsam nacheinander abziehen. Dabei bleibt der größte Teil der Nudeln gefroren, und Sie können den Teig, den Sie nicht verwenden, zurück in den Tiefkühler legen.

Karamell-Pfirsich

Zeit: 10 Minuten

4 reife Pfirsiche, 2 EL Butter, 2 EL brauner Zucker, 1 Vanilleschote, 2 cl Rum, 4 Kugeln Vanilleeis (oder ein anderes Creme-Eis)

Pfirsiche halbieren, die Steine entfernen. Die Hälften mit Butter und Zucker bei mittlerer Hitze in einer beschichteten Pfanne mit den Schnittflächen nach unten 5 Minuten braten. Die Vanilleschote vierteln, in die Pfanne geben. Pfirsiche wenden, mit Rum ablöschen (für Kinder Apfelsaft verwenden). Die Pfirsiche vom Herd nehmen, aber noch einige Minuten in der Pfanne ziehen lassen. Mit Vanilleeis servieren.

Eis aus der Truhe kann gut schmecken, doch es gibt Steigerungsmöglichkeiten.

1. Kennen Sie eine Eisdiele in Ihrer Nähe? Meist schlägt deren Eis das Angebot im Supermarkt.

2. Dieser Tipp gehört eigentlich nicht hierher, nicht in dieses Buch und schon gar nicht in dieses Kapitel, denn für seine Durchführung benötigen Sie Zeit, eine Eismaschine und Zugang zu frischen Pfirsichblättern. Lesen Sie also nicht weiter:

Absolut perfekt passt ein Pfirsichblätter-Eis. Ich habe es zufällig ausprobiert und vorher noch nie davon gelesen, vielleicht ist es eine der seltenen, ganz eigenen Erfindungen im Leben eines Kochs. Die kann ich Ihnen nicht vorenthalten! Also 80 g Zucker schmelzen, eine Handvoll Pfirsichblätter mit 250 ml Milch in den Topf geben. Aufkochen, vom Herd nehmen, 20 Minuten ziehen lassen. Die Milch durch ein Sieb gießen, 250 ml Crème double (oder Sahne) unter die Pfirsichblättermilch rühren, mit wenig Zitronensaft abschmecken, in einer Eismaschine gefrieren und zum Pfirsich servieren.

Zeit für Kinder

Schnell, gemütlich und gesund

Der Zivi füllte ein badewannengroßes Kochgerät mit einem Wasserschlauch. Sobald das Wasser kochte, rührte er zuerst einen Karton Magermilchpulver, dann einen Sack Kartoffelflocken und zuletzt einen Margarineziegel ins heiße Wasser. Kartoffelbrei für die »Einrichtung«. Ich habe es selbst gesehen. Und werde es nie vergessen. Viele von uns sind täglich in Mensen und Kantinen Fertigessen ausgesetzt. Am miserabelsten ist vermutlich die Verpflegung in vielen Kindergärten ohne eigene Küche, für die das Essen von Großcaterern auf langen Liefertouren stundenlang in Warmhalteboxen durch die Städte gefahren wird. Ein Essen, das nichts kosten darf und möglichst vielen – wählerischen – Kindern schmecken soll. Das kann nicht gesund sein, ist aber nur mit sehr großem Aufwand zu ändern.

Die heimische Küche kann solche Missstände ausgleichen. Mit viel Obst und Gemüse, wenig Fleisch und ein paar Tricks, damit das gesunde Familienessen allen Spaß macht. Bei uns beginnt zum Beispiel fast jeder Werktag mit dem »Ampelfrühstück«: ein Schälchen mit Haferflocken und Joghurt, ein Schälchen mit Obst und ein Glas Kräutertee oder Traubensaft-Schorle werden übereinander wie eine Ampel angerichtet. Der Bezug zur Ampel, deren drei Lampen genauso zusammengehören wie die drei Elemente des Frühstücks, half das Ritual zu etablieren. Jetzt sorgt es dafür, dass wir nicht täglich neu aushandeln müssen, was zum Frühstück gehört.

Wenn Erwachsene für Erwachsene und Kinder kochen, sind immer Zutaten im Essen, die Kinder »so was von doof« finden. Deswegen schneide ich Gemüse, die nicht jeder mag, groß. Sodass man sie gut aus der Sauce, aus dem Risotto oder aus den Nudeln fischen kann. (Nebenbei geht so trotzdem Gemüse-Geschmack ins Gericht über, und ich hoffe, dass sich dadurch sensible Kindergaumen schneller an gekochte Gemüse gewöhnen.) Wenige Kinder essen wirklich nur Nudeln mit Butter, mindestens ein wenig Rohkost geht fast immer. Doch die »gesunden« Nahrungsmittel, die verschiedene Kinder akzeptieren, sind äußerst unterschiedlich. Je mehr Kinder am Tisch sitzen, umso komplizierter wird es, auf alle individuellen Vorlieben einzugehen. Oft hilft dann die Baukastenregel: Serviere alle Zutaten, die nicht konsensfähig sind, separat zum eigentlichen Essen dazu. Kräuter muss man nicht mitkochen. Zwiebeln können Sie in dünne Scheiben schneiden, einige Minuten mit Salz und Zitronensaft marinieren, mit wenig Öl und Joghurt anmachen und zum Beispiel zu einem zwiebelfreien Kartoffelsalat servieren – wunderbar.

Nach dem Hauptgang gibt es ein Mini-Dessert: Zum Beispiel ein paar Löffel Quitten-Apfelmus (Rezept S. 179) oder einen halben Karamell-Pfirsich (Rezept S. 39). Manchmal verfeinern wir Erdbeeren und Himbeeren mit etwas Milchschaum aus der Kaffeemaschine und geriebener Schokolade. Und wenn die Maschine schon mal läuft, bekommen die Erwachsenen natürlich einen Espresso ...

ZEIT FÜR KINDER

Hummus und harte Eier

Zeit: 20 Minuten

Ganz kleine Kinder essen oft die erstaunlichsten Dinge. Meine einjährige Tochter knabberte damals mit Genuss Tintenfisch-Tentakeln. So eine kulinarische Experimentierphase kommt in diesem Alter häufig vor. Inzwischen ist sie leider vorbei, und meine Tochter würde kaum glauben, dass Kinder überhaupt Tintenfisch essen können, ohne dabei größeren seelischen Schaden zu nehmen. Aber ich habe einen Beweis, auf einer DVD.

Auch Gemüse steht bei vielen Kindern vorübergehend auf einer schwarzen Liste, vor allem in gekochter Form. Rohe Möhren, Gurken, Paprika gehören meist zu den ersten Sorten, die sie wieder essen. Mit feinem Kichererbsenpüree und duftendem Dip nennen wir die frisch geschnittenen Gemüsestückchen »Crudités«. Wir rühren uns einen sommerlichen Zitronen-Drink mit Minze, Zucker und viel Eis und genießen den Familien-Kurzurlaub beim Abendessen.

3 Eier, 3 Knoblauchzehen, 1 Dose Kichererbsen (Abtropfgewicht: 265 g), 500 g Gemüse nach Geschmack und Saison (z. B. Gurken, Paprika, Selleriestängel, längliche Radicchioköpfe), 1 Bund Petersilie, 2 Zweige Minze, 1 Zitrone, 5 EL Sesam, Salz, Chilipulver, Kreuzkümmel, 4 EL Olivenöl

Eier und Knoblauchzehen zusammen 10 Minuten kochen. Kichererbsen abgießen, gut abspülen und abtropfen lassen. Das Gemüse putzen und in mundgerechte Stücke schneiden. Petersilie und Minze zupfen und hacken. Die Zitrone auspressen.

Knoblauchzehen und Eier abgießen und abschrecken, dabei das Kochwasser auffangen. Die Knoblauchzehen aus der Schale drücken und mit Kichererbsen, Sesam, 1 EL Zitronensaft und ca. 4 EL vom Kochwasser fein pürieren. Mit Salz, Chili und Kreuzkümmel abschmecken.

Die Eier schälen, in Scheiben schneiden und grob hacken. Mit 1 EL Zitronensaft und den Kräutern mischen, salzen. Das Olivenöl unterrühren. Hummus mit Kräutersauce und Gemüse servieren.

Zerpflückter Lachs mit Avocado

Zeit: 15 Minuten

400 g kleine neue Kartoffeln, 1 Lachssteak (ca. 200 g), Salz, ½ Limette, 1 reife Avocado, 1 milde rote Peperonischote, 1 Bund Kerbel, Koriander oder Petersilie, Pfeffer

Kartoffeln waschen, halbieren und ca. 10 Minuten kochen. Das Lachssteak in einem Topf mit kräftig gesalzenem Wasser bedecken, aufkochen, vom Herd nehmen und ziehen lassen, bis alles andere vorbereitet ist.

Die Limette auspressen. Avocado halbieren, das Fruchtfleisch in dünnen Spänen aus der Schale löffeln und mit Limettensaft mischen. Peperoni in dünne Ringe schneiden. Die Kräuter zupfen und mit Peperoni und Avocado mischen, salzen.

Kartoffeln abgießen, das Lachssteak aus dem Wasser heben. Das Fischfleisch mit den Fingern von Haut und Gräten befreien und zerpflücken. Lachs, Kartoffeln und Avocado mischen, abschmecken und in Schüsseln verteilen.

Salate mit cremigen Saucen

Der Typ des geborenen Salatliebhabers entspringt einer luxuriösen Laune der Natur, die nämlich unsere Gene normalerweise mit dem Drang zu eher energiereicher Nahrung programmiert. Wir mussten schließlich in Steppen mit äußerst wechselhafter Speisekarte überleben können. Blätter waren für Notzeiten, an guten Tagen bevorzugten unsere Vorfahren auf jeden Fall gebratene Antilope. Familienkompatible Salate sollten also immer einen Hauch von warmer Mahlzeit, von Spaghetti Carbonara, von Schnitzel oder Sonntagsbraten haben. Stellen Sie die Basis Ihres Salates aus Blättern, Tomaten, Gurken nach dem jahreszeitlichen Angebot in Ihrem Kühlschrank und den Vorlieben der Esser zusammen. Beschleunigen Sie die Zubereitung mithilfe von vorbereiteten Saucen und krönen Sie den Salat mit einem warmen »Topping«.

Kürbiskern-Sauce

100 ml Balsamessig mit 1 TL scharfem Senf verquirlen, mit Salz und Pfeffer kräftig würzen. 100 ml Kürbiskernöl und 200 ml Rapsöl einrühren, abschmecken und in eine Flasche füllen, die Sie gut schütteln können. Bei Zimmertemperatur sehr lange haltbar. Kräftig durchschütteln, bevor Sie die Sauce verwenden.

Zitronen-Knoblauch-Dressing

4 Knoblauchzehen schälen und in Scheiben schneiden, mit ½ Bund Thymian, 4 EL Wasser und 4 EL Zitronensaft 2 Minuten kochen. Mit 1 EL Zitronengelee oder Holunderblütensirup, Salz, Pfeffer und einer Prise gemahlenen Fenchelsamen kräftig würzen, abkühlen. Das Zitronenwasser durch ein Sieb gießen und mit 200 ml Olivenöl verrühren, abschmecken und abfüllen. Bei Zimmertemperatur mindestens 2 Wochen haltbar.

Joghurt-Sauce

300 g Joghurt mit 100 ml Wasser oder Buttermilch verdünnen, mit 1 – 2 TL körnigem Senf, Salz, Pfeffer (und nach Belieben gequetschten Koriandersamen) würzen und mit 3 EL Öl verfeinern. Dabei kommt es nicht darauf an, welche Ölsorte Sie verwenden, Hauptsache, das Öl schmeckt aromatisch. In einem verschließbaren Behälter im Kühlschrank bis zu 1 Woche haltbar.

Klassische Krönungen können Spiegeleier sein. Auch das kleine Steak veredelt immer noch fast jeden Salat (siehe S. 30, Pfeffersteak). Unregelmäßig in große Stücke zerpflückte Weißbrotscheiben schmecken trocken in der Pfanne oder unter dem Grill geröstet oder mit Olivenöl knusprig gebraten. Für eine warme Gemüsekrönung zum Beispiel je 1 Zucchini und 1 Schalotte würfeln, mit einer Handvoll geputzten Pilzen in 2 EL Öl 3 – 4 Minuten braten. Je 1 EL Pinienkerne und Rosinen zugeben und kurz danach mit 2 EL Essig ablöschen. Das Salat-Gemüse vom Herd nehmen, in der Pfanne würzen und abschmecken. Öl- und Essigsorte richten sich danach, welche Salatsauce Sie verwenden.

Baukastenkartoffeln

Zeit: 20 Minuten, davon 10 Minuten Arbeitszeit

Vor einigen Jahren zerlegte ich zum ersten Mal den Kräuterquark zum Kindheitsgericht Kartoffeln, Butter, Quark in seine Bestandteile, weil unsere Tochter gerade keine Zwiebeln mochte. Und keine Kapern. Und ... Dabei fiel mir auf, dass Kräuterquark um Klassen besser schmeckt, wenn die Zutaten nur halb vermischt sind. Wenn Kräuter und Gewürze nicht im Quark versinken, sondern noch etwas Luft bekommen. Seitdem gibt es Baukastenkartoffeln, auch wenn gar keine Kinder in der Nähe sind. Neben den hier genannten Zutaten passen verschiedene Zubereitungen aus dem Kapitel »Zeitverschiebung« dazu: zum Beispiel eingelegte Auberginen (siehe S. 158), süßsaure Chilisauce (siehe S. 164) oder eine Kräuterbutter (siehe S. 167).

1,2 kg Kartoffeln, 250 g Quark, 2 EL Milch, 2 EL Olivenöl, Salz, Pfeffer, 1 Bund Kräuter (z. B. Koriander, Estragon, Basilikum), 4 (Thai-)Schalotten, Butter, Kapern, Essiggürkchen, 100 g Schinken

Kartoffeln kochen. Quark, Milch und Olivenöl verrühren, abschmecken. Kräuter waschen, trocken schütteln und zupfen. Schalotten schälen, halbieren und fein würfeln. Alles zusammen mit Kapern, Essiggürkchen und Schinken so anrichten, dass sich jeder nehmen kann, was er mag.

Es muss nicht immer Parma oder Pata negra sein! Probieren Sie die Ammerländer Schinken von bunten Bentheimer Schweinen, die Arnd Müller auf den natürlich belüfteten Trockenböden seines Familienbetriebes reifen lässt. Apen bei Bad Zwischenahn ist eine Reise wert. Virtuell: www.schinkenmuseum.de Immer wenn Herr Müller einen ausgereiften Schinken anschneidet, können Sie kleinere und größere Stücke auch direkt im Schinkenmuseum bestellen.

Süßkartoffel-Kohlrabi-Gratin

Zeit: 15 Minuten und 15 Minuten Garzeit

Ein Kartoffelgratin »dauphinois« aus Kartoffelscheiben mit Milch, Sahne und manchmal Käse ist schon ganz gut geeignet für die eilige Küche: Sie können das Gratin in die Form schichten, mit kochender Milch begießen, abkühlen lassen und dann bei Bedarf nur noch mit Butterflöckchen belegen und eine halbe Stunde in den Ofen schieben. In unserem Rezept adelt die Käsekruste ein ganz schnelles, ganz einfaches Stampfgemüse.

1 mittelgroße Süßkartoffel (ca. 500 g, Alternative: Möhren), 400 g Kartoffeln, 1 Kohlrabi, Salz, Pfeffer, Muskat, 1 Hand voll Babymangold oder 1 Bund Rucola, 80 g Bergkäse, 1 EL Öl

Süßkartoffel, Kartoffeln und Kohlrabi schälen und grob würfeln. Das Gemüse würzen und in einem Schnellkochtopf 10 Minuten dämpfen oder in einem Topf mit kochendem Salzwasser 12–14 Minuten weich kochen. In der Zwischenzeit den Backofengrill vorheizen und Babymangold oder Rucola waschen und trocken schleudern. Süßkartoffel, Kartoffeln und Kohlrabi in eine Auflaufform geben. Mit einem Kartoffelstampfer oder einer Gabel grob zerdrücken, dabei 3–4 EL Kochwasser zugeben. Den Käse grob reiben und über das Gemüse streuen, unter dem Grill überbacken. Babymangold oder Rucola mit dem Öl mischen, leicht salzen und mit dem Gemüsegratin servieren.

Noch schneller geht es, wenn Sie das Gemüsepüree gar nicht erst überbacken, sondern mit oder ohne Käse als Püree servieren. Testen Sie verschiedene Kombinationen – ein kleiner Kartoffelanteil sollte immer dabei sein, damit das fertige Püree cremig wird. Unser Familienklassiker aus Babybrei-Zeiten: viel Rote Bete, wenig Möhre, mehr Kartoffel, etwas Olivenöl und nicht zu knapp Knoblauch und Rosmarin. Schmeckt warm oder auch kalt mit ein paar Tropfen Zitronensaft.

Kraut- und Nudelflecken

Zeit: 15 Minuten

Fontina-Käse ist der wahrscheinlich bekannteste italienische Käse für das italienische Käsefondue, Fonduta. Einige weniger bekannte Käsesorten aus den italienischen Alpen eignen sich mindestens genauso gut für Fonduta und ähnliche Zubereitungen, bei denen schmelzender Käse eine Flüssigkeit leicht binden soll. Zum Beispiel ein Bitto-Käse aus dem Valtellin. Wenn Sie einmal wirklich sehr weit voraus planen wollen, können Sie einen Käselaib bei der Assoziazione Produttori »Valli del Bitto« jetzt kaufen, bezahlen und dann aber bis zu 10 Jahre vor Ort reifen lassen. Damit Sie Ihren Käse später auch erkennen, wird er zu Beginn der Lagerzeit mit Ihrem Namen gebrandmarkt. Um das edle Stück schließlich abzuholen, biegen Sie auf dem Weg von Mailand nach St. Moritz rechts Richtung Sondrio ab. An der ersten Ampel in Morbegno geht es wieder rechts ins Valgerola. Und dort wartet Ihr Käse.

750 g Spitzkohl oder Weißkohl, 2 Knoblauchzehen, 2 EL Schweineschmalz oder Rapsöl, ¼ TL Majoran oder Oregano, Salz, Pfeffer, 12–15 Lasagneblätter (250 g), 1 Bund Petersilie, 3 EL geriebener Käse (z. B. Fontina-Käse, Schweizer Alpen-Tilsiter oder Parmesan), 1 Eigelb, 2 EL Milch

Den Spitzkohl vierteln und in 2–3 cm große Stücke schneiden, dabei den Kohlstrunk und sehr dicke Blattrippen entfernen. Knoblauchzehen schälen und in Scheiben schneiden, mit dem Kohl im Schweineschmalz kurz andünsten. Mit Majoran, Salz und Pfeffer dünsten und mit 800 ml Wasser oder Brühe aufgießen. Lasagneblätter in größere Stücke brechen und mit dem Kraut ca. 10 Minuten bissfest kochen. Dabei ab und zu vorsichtig umrühren. Währenddessen die Petersilienblätter zupfen und grob hacken.

Den Topf vom Herd nehmen. Käse, Eigelb und Milch verrühren und mit der Petersilie zügig unter den heißen Kraut-Nudel-Topf rühren. Abschmecken und sofort servieren.

Kürbiskern-Pesto ist eine schöne Ergänzung für unsere Kraut- und Nudelflecken. Es schmeckt auch über Kräuterquark oder herbstlichen Salaten. 50 g Kürbiskerne in einer Pfanne ohne Fett 5–8 Minuten rösten, dabei häufig umrühren. Die heißen Kürbiskerne mit je 3 FL Kürbiskern- und Sonnenblumenöl in einem Blitzhacker fein pürieren, mit Salz und Pfeffer abschmecken. Hält sich gut bei Raumtemperatur.

Kohlrabiragout mit Räucherlachs

Zeit: 15 Minuten

Das feine Kohlgemüse wächst im deutschsprachigen Raum mindestens seit dem Mittelalter, vielleicht brachten sogar schon die Römer nahe Verwandte des Kohlrabi mit über die Alpen. Im 19. Jahrhundert nannte der Volksmund missionierende Vegetarier abfällig »Kohlrabi-Apostel«. Kohlrabi ist also alles andere als neu und modisch und wird deshalb oft zu Unrecht unterschätzt. Dabei schmeckt er besonders gut, vor allem in unkomplizierten Zubereitungen. Gedünsteter Kohlrabi mit ein paar Tropfen Zitronensaft, Pfeffer und Schnittlauch ist ein Genuss!

2 Kohlrabi, 1 kleine Zwiebel, 2 EL Butter, Salz, Muskat, 1 kleiner Romanasalat, 100 g geräucherter Lachs, 1 EL Crème fraîche, 1 Zitrone, Pfeffer

Kohlrabi und Zwiebel schälen, halbieren und in dünne Scheiben schneiden oder hobeln. Mit Butter 2 Minuten zugedeckt bei mittlerer Hitze anschwitzen, dabei gleich zu Beginn mit Salz, Pfeffer und Muskat würzen. 200 ml Wasser zugeben, ca. 5 Minuten garen.

In der Zwischenzeit den Salat waschen, abtropfen lassen und in breite Streifen schneiden. Den Lachs ebenfalls in Streifen schneiden. Den Salat zum Kohlrabi geben, zusammenfallen lassen. Lachs und Crème fraîche zugeben, kurz ziehen lassen und abschmecken. Mit reichlich grob gemahlenem Pfeffer bestreuen und mit Zitronenspalten servieren.

Dill, Fenchelkraut, Estragon oder Sauerampfer passen in das Kohlrabiragout. Salzkartoffeln, Polenta oder Couscous sind eine gute Ergänzung.

Falls Sie eine Brühe oder einen Fischfond im Tiefkühlfach haben, können Sie die gerne für das Ragout verwenden. Es wird dadurch nicht unbedingt besser oder schlechter, aber anders – fülliger. Damit entspricht es unseren Essgewohnheiten vielleicht mehr als in der Version mit Wasser. Wenn Sie diese aber sorgfältig abschmecken, wird das Ergebnis schlank und elegant wirken.

Back to Speck

Zeit: 10 Minuten und 20 Minuten Garzeit

Omi B. stammt aus einer Zeit, als Kochen noch kein Event war. Ihre Rezepte sind nicht kunstvoll oder fein. Gäste können Sie mit ihrem Kartoffel-Gemüse nicht unbedingt beeindrucken. Als Alltagsmahlzeit schmeckt das Gericht jedoch vorzüglich. Schenken Sie der Zubereitung Ihre volle Aufmerksamkeit: Ist der Topf heiß genug, aber nicht zu heiß, um den Speck in seinem eigenen Schmalz auszulassen? (Das hören Sie am gleichmäßig sanften Klang des Brutzelns.) Ist genug Wasser im Topf, um das Gemüse gleichmäßig zu garen, aber nicht so viel, dass es wässrig wird? (Hängt vor allem davon ab, welche Kartoffeln Sie verwenden. Mehlige Sorten schmecken gut, zerfallen schön und benötigen etwas mehr Wasser.) Und nicht zuletzt: Fehlt noch Salz?

1 kg Kartoffeln, 400 g Möhren, 1 Stange Lauch, 80 g geräucherter Bauchspeck, Salz, Pfeffer

Kartoffeln und Möhren schälen und in Stücke schneiden. Die Lauchstange längs halbieren, Wurzeln und welke Blätter entfernen, anschließend waschen und in fingerbreite Streifen schneiden. Den Speck würfeln oder ebenfalls in Scheiben schneiden und bei milder Hitze in einem Topf anbraten. Das Gemüse zugeben, würzen, kurz dünsten und dann mit 300 ml Wasser aufgießen. Etwa 20 Minuten zugedeckt garen, dabei ab und zu umrühren.

Zum Schluss beginnen die Kartoffeln zu zerfallen, die Möhren sind gerade noch bissfest, die Flüssigkeit ist fast verkocht, sodass sich ein duftender Gemüsematsch bildet. Abschmecken und servieren.

Glasierter Spargel mit Wasabi-Sauerrahm

Zeit: 15 Minuten

Schnelle Gemüsezubereitungen aus dem Wok sind für den modernen Büromenschen das, was für Omi B. gedünstetes Gemüse mit Speck ist: gesunde Alltagsküche. Ihre Zutaten kann man fast beliebig variieren, ohne dabei die Struktur der Rezepte zu verändern. Die bekannten Abläufe entlasten das Gehirn, das Ergebnis schmeckt immer lecker.

1 kg grüner Spargel, 200 g Sojasprossen, 2 EL Öl, Salz, Pfeffer (siehe Tipp), 2 geräucherte Forellenfilets, 1–2 TL Wasabi, 4 EL Sauerrahm, 1 EL Honig, 2 EL Sojasauce

Spargel und Sojasprossen waschen und gut abtropfen lassen. Zähe Spargelenden abschneiden, die Spargelstangen in 2 cm lange Stücke schneiden und in einer großen beschichteten Pfanne oder einem Wok mit dem Öl bei mittlerer Hitze 6–8 Minuten braten, mit Salz und Pfeffer würzen.

Währenddessen die Forellenfilets längs halbieren und in kleinere Stücke zerpflücken. Wasabi und Sauerrahm verrühren, leicht salzen. Wasabipulver vorsichtiger dosieren als Wasabi aus der Tube, denn das Pulver ist schärfer, und die Schärfe entwickelt sich noch beim Anrühren.

Sojasprossen in die Pfanne geben, mit je 2 EL Wasser und Sojasauce ablöschen, den Honig zugeben. Das Gemüse unter Rühren glasieren, abschmecken und mit Wasabi-Sauerrahm servieren. Dazu passen Reis oder Reisnudeln.

Japaner würden mit Shichimi Togarashi würzen. Das heißt Sieben-Gewürz-Pfeffer und ist leicht selber herzustellen: 2 TL Szechuanpfeffer mit 1–3 getrockneten Chilischoten und je 1 EL Sesamsamen, (weißem) Mohn und Hanfsamen rösten, bis die Körner duften. Mit einem Nori-Algen-Blatt und 1 EL getrockneter Orangen-, Mandarinen- oder Yuzuschale fein mahlen. Das geht in einer Gewürzmühle, im Mörser oder in einem hohen, schlanken Becher mit dem Pürierstab – mit einem Tuch um den Stab herum zudecken, damit es nicht staubt. Hanfsamen für die Küche gibt es im Naturkosthandel oder im Internet – falls Sie keine finden, verwenden Sie etwas mehr Sesam. Getrocknete Schalen der japanischen Zitrusfrucht Yuzu finden Sie in japanischen Lebensmittelgeschäften. Sie können aber auch ganz einfach die dünnen Schalen von Bio-Mandarinen oder dünn abgeschälte Orangenschalen selber zum Trocknen auf die Heizung legen.

Kräuter-Grill-Ei

Zeit: 15 Minuten

1 Bund Petersilie, 4–6 Zweige Thymian (oder Bohnenkraut, Ysop, Thaibasilikum), 1 Laugenbrezel, 8 Eier, Salz, Pfeffer, 100 g Schafskäse, 1 EL Butter für die Formen, außerdem 4 kleine flache Auflaufformen wie für Crème brulée

Backofen und darin auf der mittleren Schiene vier kleine Auflaufformen auf 220 Grad Umluft vorheizen.

Die Kräuter waschen, zupfen, sehr grob hacken. Brezel in dünne Scheiben schneiden. Die Eier in eine Schüssel schlagen, verquirlen. Schafskäse in die Eier bröseln, Brezelscheiben zugeben, mit Salz und Pfeffer würzen. Die Salzmenge richtet sich danach, wie salzig die Brezel schon war.

In jede Form ein Butterflöckchen geben. Die Eiermasse mit einem Schöpflöffel zügig in die vier Formen verteilen und im Ofen auf der mittleren Schiene ca. 7 Minuten überbacken. Großzügig mit Kräutern bestreuen und mit Brot servieren.

Falls sie ungern rohe Eier abschmecken, können Sie die Bohnen auch erst unmittelbar, bevor Sie sie servieren, probieren – nur völlig darauf verzichten sollten Sie nicht. Das Rohe-Eier-Problem ähnelt dem Buletten-Problem. Nur aus einer sorgfältig abgeschmeckten Hackfleischmasse können Sie perfekte Frikadellen braten. In diesem Fall sollten Sie ein Mini-Fleischpflanzerl braten und probieren – dann müssen Sie nicht die rohe Masse kosten.

Bohnen Carbonara

Zeit: 12 Minuten

800 g grüne Prinzessbohnen (= Keniabohnen), 80 g geräucherter Speck in Scheiben, 4 EL geriebener Parmesan, 100 g Sahne, 1 Ei, Salz, Pfeffer, Muskat, Weißbrot

Bohnen putzen und in Salzwasser ca. 6 Minuten bissfest kochen. Den Speck in Streifen schneiden und bei mittlerer Hitze knusprig braten.

Währenddessen Parmesan, Sahne und Ei verrühren und mit Salz, Pfeffer und Muskat kräftig abschmecken. Die Bohnen abgießen, kurz abtropfen und zum Speck geben. Die Pfanne vom Herd nehmen, mit der Käse-Ei-Sahne vermischen, sodass die Bohnen von der Carbonara-Creme umhüllt werden. Mit Weißbrot sofort servieren.

Keine Fischstäbchen

Zeit: 20–30 Minuten

Beim Verzehr der knusprigen Stäbchen aus der Pappschachtel bemerken wir kaum, wie im Laufe der Jahre die Fische wechseln. Jedes Mal, wenn einer Fischart die Ausrottung droht, wechselt nur ein Wort auf der Zutatenliste der Tiefkühlpackung.

Also lieber sinnlich selber kochen und dabei Süßwasserfische aus Zucht oder geregelter Fischerei in Flüssen und Seen verwenden. Das schont die Meere, und viel besser schmeckt es sowieso.

250 g Kartoffeln, 400 g Forellenfilet,
1 TL Estragonessig oder Weißweinessig,
2 Stängel Minze, 1 Ei, Salz, Pfeffer,
2 TL Fenchelsamen, 3 EL Weizen-Dunst
(ein etwas gröberes Mehl, heißt auch Spätzlemehl oder Wiener Griessler),
3 EL Butter

Kartoffeln schälen, in Scheiben schneiden und in etwas Salzwasser 12 Minuten weich kochen. In der Zwischenzeit das Fischfilet nicht zu groß würfeln, die Minzeblättchen zupfen und hacken. Fisch und Minze mit Estragonessig und Ei mischen, kräftig würzen. Fenchelsamen grob hacken und auf einem Teller mit Weizen-Dunst mischen.

Kartoffeln abgießen, kurz ausdampfen und abkühlen lassen. Die Kartoffelscheiben mit einer Gabel zerdrücken und mit der Fischmischung vermengen. Mit einem Esslöffel kleine Plätzchen auf den Teller mit Fenchelsamen und Weizen-Dunst setzen. Wenden und in zwei beschichteten Pfannen mit Butter bei großer Hitze von beiden Seiten goldbraun braten, insgesamt etwa 4 Minuten. Dazu passen süßsaure Chilisauce (siehe S. 164) und Salat.

Die Panade fehlt Ihnen? Na gut, für eine Panade brauchen Sie Mehl, Ei und Brösel. Diese entweder aus trockenem Weißbrot selbst mixen oder aus dem Asienladen holen: Japanische Panko-Brot-Brösel sind grob und flockig, dadurch wird die Panade sehr knusprig. Kartoffelpüreeflocken eignen sich erstaunlicherweise auch ganz gut für die Fischplätzchen-Panade. Nur Paniermehl aus der Packung ist viel zu feinkörnig und trocken. Geht gar nicht.

Zanderfilets in verrücktem Wasser

Zeit: 15 Minuten

Pesce all'aqua pazza ist eine ganz einfache Zubereitungsart für Fische aus der Gegend von Neapel. Der Name entstand, als arme Süditaliener begannen, aus Protest gegen überhöhte Salzsteuern Fische in Meerwasser zu garen. Das kam ihnen so seltsam vor, dass sie das Wasser verrückt nannten. Die Methode eignet sich auch für Süßwasserfische – dann natürlich mit Süßwasser. Und mit einer Prise Salz, denn Salzsteuern drücken Sie vermutlich weniger als die neapolitanischen Fischer des 19. Jahrhunderts.

2–3 Knoblauchzehen, 1 kleine Zwiebel, 4 EL Olivenöl, 200 g Kirschtomaten, 1 Bund Petersilie, 100 ml Weißwein, 700 g Zanderfilet (oder ein anderes Fischfilet), Salz, Pfeffer

Knoblauch und Zwiebel schälen, halbieren und in dünne Scheiben schneiden. Mit Olivenöl anschwitzen. Währenddessen die Kirschtomaten waschen und halbieren, Petersilienblättchen grob hacken. Tomaten und Petersilienstiele zu den Zwiebeln geben, nach 2 Minuten mit Weißwein ablöschen. Zanderfilets in vier Portionen teilen, würzen und in die Sauce legen. 125 ml Wasser angießen, bei milder Hitze und halb aufgelegtem Deckel 6–8 Minuten ziehen lassen.

Fischfilets vorsichtig aus der Sauce heben und auf tiefe Teller verteilen. Die Petersilienstiele entfernen, das »verrückte Wasser« aufkochen, abschmecken und über den Fisch gießen, mit den gehackten Petersilienblättchen bestreuen und servieren. Dazu passt Weißbrot.

Köche zupfen selten mühselig ein Petersilienblättchen nach dem anderen vom Bund, um sie danach zu hacken. Die Stiele sind ja fast schon wie ein Griff zusammengebunden, und so werden sie auch benutzt: Als Griff, um das Kräuterbündel zu fixieren, während man mit dem Messer in der anderen Hand die Blättchen abschneidet. Falls die Stiele nicht mit Gummi, sondern mit Garn gebündelt sind, wandern sie meist direkt in Fonds oder Suppen.

Linsen, Huhn und Essig

Zeit: 20–30 Minuten

Gelbe und rote Linsen sind geschälte Sorten. Dadurch sind sie auch ohne Einweichen schnell gar und leicht verdaulich.

200 g gelbe oder rote Linsen, 1 EL Koriandersamen, 4 kleine oder 2 große Hähnchenbrustfilets (insgesamt ca. 600 g), Salz, 2 EL Butter, 2 Bund Lauchzwiebeln, 5 cm Ingwerwurzel, 1 Chilischote, 1 EL brauner Zucker, 5 EL Estragonessig (oder Weißweinessig)

Die Linsen mit Wasser fingerbreit bedecken und 12 Minuten gerade noch bissfest kochen – zum Schluss sollte fast kein Wasser mehr übrig sein. Koriandersamen mit dem Boden eines Kochtopfes oder in einem Mörser leicht quetschen. Hähnchenbrustfilets mit Salz und Koriander würzen und bei mittlerer Hitze von beiden Seiten mit 1 EL Butter insgesamt 12 Minuten (kleine Filets) bis 16 Minuten (große Filets) braten.

Gleichzeitig die Lauchzwiebeln putzen, dabei von Wurzeln und welken Blättern befreien. Helle und dunkle Teile der Zwiebeln in 1 cm große Stücke schneiden. Ingwer schälen und in dünne Scheiben schneiden. Chilischote in Ringe schneiden. Lauchzwiebeln, Ingwerscheiben und Chili in der restlichen Butter anschwitzen, salzen. Nach 2–3 Minuten mit Zucker bestreuen und mit Essig löschen. Zugedeckt dünsten, bis die Linsen gar sind.

Essigzwiebeln und Linsen mischen, abschmecken. Hähnchenbrustfilets in Scheiben schneiden und mit den Linsen servieren.

Linsenpfannkuchen aus Puy-Linsen oder Schwäbischen Alblinsen gehören zurzeit zu meinen Lieblingsbeilagen. Sie sind blitzschnell gemacht – wenn Sie die Linsen vorher quellen lassen: 125 g Linsen mindestens 4 Stunden in kaltem Wasser einweichen. Anschließend die Linsen abgießen, dabei das Einweichwasser auffangen. 100 ml abmessen und mit den Linsen pürieren, sodass ein dickflüssiger, leicht körniger Teig entsteht. Dafür eignet sich zum Beispiel ein Pürierstab. 1 Bund Koriander hacken und mit 1 EL Mehl und 2 EL Joghurt unter den Teig rühren, mit Salz und Pfeffer würzen. In einer beschichteten Pfanne etwas Butter und Öl erhitzen. Mit einem Esslöffel kleine Pfannkuchen in die Pfanne setzen, mit dem Löffel flach drücken. Von beiden Seiten je 2 Minuten braten.

Linsenpüree mit gegrillten Zucchini

Zeit: 20 Minuten

Das letzte Rezept in diesem Kapitel führt uns zurück zum ersten: Linsenpüree können Sie wie Hummus auch kalt servieren – als Dip für feine rohe Gemüse. Oder Sie richten das kalte Linsenpüree als Edel-Kebab an, mit pikanten (Lamm-)Hackfleischbällchen, Salatblättern, Kräutern und einem Klecks griechischem Joghurt in einem dünnen Fladenbrot.

200 g gelbe oder rote Linsen,
2 Knoblauchzehen, 4 EL Olivenöl,
4 EL Pinienkerne, 1 Bio-Zitrone,
400 g kleine Zucchini, 1 Bund Basilikum,
Salz, Pfeffer, außerdem: Grillpfanne

Die Linsen mit Wasser gut fingerbreit bedecken und 15 Minuten weich kochen – zum Schluss sollte fast kein Wasser mehr übrig sein. Knoblauchzehen schälen und in Scheiben schneiden, mit 2 EL Olivenöl und den Pinienkernen hellbraun braten. Die Zitrone heiß waschen, die Schale abreiben, den Saft auspressen, zu den Pinienkernen geben. Vom Herd nehmen.

Zucchini waschen, der Länge nach halbieren, größere Zucchini der Länge nach in 5 mm dicke Scheiben schneiden. Eine Grillpfanne, einen Grill oder eine normale Pfanne leicht ölen und erhitzen. Zucchinischeiben darin von beiden Seiten insgesamt 6–8 Minuten grillen.

Pinienkern-Mischung mit den Linsen pürieren, das Püree abschmecken. Mit gegrillten Zucchini anrichten. Mit Olivenöl beträufeln, würzen und mit Basilikumblättchen garnieren.

Ocimum basilicum minimum heißt das hübsche kleine Buschbasilikum aus Griechenland. Dort wächst es vor allem als Zierpflanze und zur Mückenabwehr. Eigenartig, denn wer einmal die zarten aromatischen kleinen Blättchen probiert hat, kommt nicht mehr davon los.

Kochen lassen

Die Industrie kocht für mich

Für dieses Kapitel konnte ich glücklicherweise eine Gastautorin gewinnen: die Journalistin Susanna Bingemer, meine Ehefrau.

»Ahh«, höre ich noch den Aufschrei meines Mannes: »Fertigprodukte sind des Teufels, kommen mir nicht ins Haus ...« Natürlich hat er sich strikt geweigert, ein solches Kapitel in sein Buch aufzunehmen. Ich dagegen halte überhaupt nichts davon, Fertigprodukte pauschal zu verteufeln. Denn seien wir ehrlich: Das wäre eine totale Verkennung der Küchenrealität der gesamten westlichen Welt. Oder gibt es das bei Ihnen nicht, dass Sie einfach überhaupt gar keine Zeit oder überhaupt gar keine Lust zum Einkaufen haben – geschweige denn, länger als acht Minuten in der Küche zu stehen? Gleichzeitig aber auch einen Bad-Hair-Day oder zu wenig Geld haben, um im Restaurant zu speisen? Und trotzdem nicht wieder nur ein olles Käsebrot vertilgen möchten? Und schließlich: Gesund soll's auch noch sein. Diesen Fragen zur Nahrungsaufnahme müssen wir uns natürlich alle stellen, doch die Mütter unter uns in besonderem Maße. Sie sind wirklich jeden Tag aufs Neue damit konfrontiert, wie sie die gesunde Ernährung ihrer Kinder einfach und schnell gestalten – zumal sich die Flucht ins Restaurant mit mehreren Kindern aus organisatorischen und ökonomischen Gründen noch schwieriger gestaltet. Eine von mehreren Lösungen (die anderen können Sie im Rest dieses Buches lesen) heißt deshalb: Greif ruhig ab und zu zum Fertigprodukt!

Mit Engelszungen habe ich also auf meinen Mann eingeredet, und einige Diskussionen später kamen wir zu einem Kompromiss: Ich schreibe ihm die einleitenden Worte, und er denkt sich dafür ein paar nette Rezepte mit Fertigprodukten aus. Oder besser gesagt, Halbfertigprodukten. Das ist ein entscheidender Unterschied. Zu Fertigprodukten gehören ja nicht nur das an Fett und giftigen Zusatzstoffen reiche Menü aus der Tiefkühltruhe oder böse Dosenravioli. Fertig- oder eben Halbfertigprodukte sind auch Baked Beans, Tomaten aus der Dose oder TK-Spinat – das alles verwenden auch Frisch-Kocher ohne Skrupel.

Mein und unserer Tochter Lieblingsessen aus Fertigprodukten sind Nudeln mit Tomatensauce aus dem Glas – geht superschnell, ist ernährungsphysiologisch völlig in Ordnung, und die benötigten Produkte lassen sich gut lagern. Und noch dazu kann man das heutzutage alles auch in Bio-Qualität kaufen. Ein anderes Beispiel ist Tiefkühlgemüse: kein Waschen, kein Putzen, und die Nährstoffe bleiben bei der schonenden Art des Einfrierens weitgehend erhalten. Es ist sogar erwiesen, dass Gemüse aus der Tiefkühltruhe mehr Nährstoffe enthält als einst frisch gekauftes, das seit Wochen vergessen und lasch im Gemüsefach vor sich hin dümpelt. Natürlich sollten Sie immer aufmerksam die Zutatenliste auf den Packungen lesen. Am besten sind Produkte, die möglichst wenig weiterverarbeitet wurden. Also nicht gerade die süß-saure Asia-Gemüse-Pfanne nehmen.

Jetzt muss ich aber aufhören, sonst brennt meine TK-Pizza im Ofen an. Denn, ja: Manchmal gibt's sogar die bei uns. Sonst hätte ich jetzt gar nicht diesen Text schreiben können. Aber sie ist immerhin Bio.

Susanna Bingemer

Tomatensauce

Nepalesisches Hähnchencurry

Zeit: 35 Minuten

600 g Hähnchenbrustfilet (mit oder ohne Haut), 1 EL Sonnenblumenöl, 2 Zwiebeln, 2–3 Knoblauchzehen, 4 cm Ingwerwurzel, 1 EL Currypulver (z. B. Garam Masala), 1 TL Kurkuma, 400 ml Tomatensauce, 200 g griechischer Joghurt, 1 Bund Koriander, Salz

Hähnchenbrust in 3 cm große Würfel schneiden und in einer schweren Pfanne bei großer Hitze mit 1 EL Öl 10 Minuten braten, leicht salzen.

Während das Hähnchenfleisch brät, Zwiebeln, Knoblauch und Ingwer schälen. Die Zwiebeln grob würfeln, zum Hähnchenfleisch geben. Knoblauch und Ingwer fein würfeln. Mit Curry und Kurkuma in die Pfanne geben und 1 Minute mit dem Fleisch anbraten. Tomatensauce und Joghurt untermischen und zugedeckt 20 Minuten fertig schmoren.

Das Curry vor dem Servieren abschmecken, mit grob gehacktem Koriandergrün bestreuen.

Tipp: Joghurtsaucen schmecken zwar lecker, aber leider ist Joghurt nicht hitzebeständig – die Saucen sehen immer etwas geronnen aus. Um das zu vermeiden, können Sie den Joghurt durch eine Mischung aus Crème fraîche und Wasser ersetzen. Für das Curry auf dem Foto haben wir aber Joghurt verwendet. Nachdem das Curry fotografiert war, würfelte mein Mitarbeiter Alex einer spontanen Eingebung folgend 500 g Kartoffeln ungefähr 1 cm groß und briet sie 10 Minuten mit 2 EL Öl. Die knusprigen Kartoffeln rührte er mit ins Curry – und so schmeckte es noch besser als vorher.

Geschmorte Seeteufelmedaillons

Zeit: 25 Minuten

0,1 g Safranfäden oder -pulver (das entspricht dem Inhalt eines Döschens), 8 Seeteufelkoteletts (je ca. 80 g), Salz, Pfeffer, 3 EL Olivenöl, 400 ml Tomatensauce, 2 EL milde kleine Oliven, ½ Bund Basilikum

Safran in einem Glas mit 100 ml heißem Wasser übergießen. Seeteufelkoteletts mit Küchenpapier trocken tupfen. Die Fischkoteletts würzen und in einer großen Pfanne oder einem Schmortopf mit 3 EL Olivenöl bei großer Hitze von beiden Seiten je 2 Minuten anbraten. Mit dem Safranwasser ablöschen. Tomatensauce und Oliven zugeben und bei mittlerer Hitze zugedeckt 15 Minuten schmoren.

Basilikum waschen und trocken schütteln, die Blättchen abzupfen und in größere Stücke reißen. Seeteufel aus der Sauce nehmen und auf vier Teller verteilen. Safran-Tomaten-Sauce abschmecken, über dem Fisch verteilen und mit Basilikum bestreuen.

Dazu passen – stilecht italienisch – Polenta (siehe S. 84, Salsicce-Lauch-Ragout und Polenta), Vollkorn-Polenta oder Reis. Geschmacklich eignen sich auch milde Kartoffelbeilagen.

Spinatsalat mit Mango-Vinaigrette

Zeit: 10 Minuten und Zeit zum Auftauen des Spinats

Tiefgekühlter Spinat begleitet uns seit fast zwei Generationen, nämlich genauso lange, wie es Gefriertruhen für den Haushalt gibt. Mit Recht, denn selbst rustikale Kombinationen aus den sechziger Jahren wie Spinat mit Leberkäse und Spiegelei schmecken heute noch wunderbar.

500 g TK-Blattspinat, 100 g Thai-Schalotten (oder 1 rote Zwiebel), ½ reife Mango, 1 Limette, 4 EL Olivenöl, Salz, Pfeffer, 1 Bund Koriander, getrocknete Chiliflocken (siehe Tipp S. 25 Petersiliensuppe)

Spinat auftauen lassen, ausdrücken, grob schneiden und wieder etwas auflockern. Schalotten und Mango schälen, die Schalotten in dünne Scheiben schneiden. Die Hälfte der Mango ebenfalls in Scheiben schneiden, den Rest mit einer Gabel zerdrücken oder im Blitzhacker pürieren. Die Limette auspressen, den Saft mit Mangopüree und Olivenöl mischen, mit Salz und grob gemahlenem Pfeffer kräftig würzen. Spinat, Mango, Schalotten und Sauce locker mischen. Koriander zupfen. Den Salat mit Koriander und Chiliflocken bestreuen.

Wenn Sie frischen, geputzten jungen Spinat oder Babymangold finden, dann ersetzen Sie den vorgekochten TK-Spinat auch einmal durch die rohen Blättchen. Im Babystadium schmecken beide Gemüse wie ein würziger, frisch-säuerlicher Blattsalat.

Für eine karibische Luxusvariante legen Sie gegrillte Riesengarnelen oder Lammfilets auf den fertigen Salat.

TK-Spinat

Grünes Risotto

Zeit: 25 Minuten

Gute Köche kämpfen mit vielen Tricks gegen die Ergrauung grüner Gemüsesorten beim Kochen. Da wird das Kochwasser stark versalzen und kurz gekochtes Gemüse in Eiswasser abgekühlt und wieder entsalzen. Kräuter und Gemüse kommen roh in besonders kalte Tiefkühler, um anschließend im Paco-Jet – einer Art kulinarischen Eisfräse – staubfein gemahlen zu werden. Sodass dieser Eisstaub für Saucen und Pürees nur noch kurz erhitzt, aber kaum mehr gegart werden muss. Sogar Chlorophyllpulver aus der Apotheke färbt manches Haubenkoch-Sößchen grün (was ich ein wenig unsportlich finde). Nach den Regeln der Hochküche müsste mein grünes Risotto grau sein: zu lange, zu heiß gekocht, mit Säure und wenig Salz – doch das Risotto leuchtet trotzdem. Ein Wunder.

1 l Brühe, 250 g Risottoreis, 2 EL Olivenöl, 100 ml Weißwein, 125 g TK-Blattspinat, 2 Frühlingszwiebeln, ½ Kohlrabi, 1 Bund Dill, 2–3 EL geriebener Parmesan, 2 EL Crème fraîche, Salz, Pfeffer

600 ml Brühe aufkochen und auf kleinster Stufe warm halten. Risottoreis in 1 EL Olivenöl 2 Minuten anbraten, mit 100 ml Weißwein löschen und kurz einkochen. Etwa ⅓ der Brühe gleich angießen, den Rest nach und nach zugeben, immer wieder umrühren.

Während das Risotto kocht, den Kohlrabi schälen. Spinat, Frühlingszwiebeln und Dill waschen. Alles zusammen grob zerkleinern, mit 400 ml Brühe 10 Minuten weich kochen. Anschließend mit einem Pürierstab oder im Mixer fein pürieren.

Nach 18–20 Minuten ist das Risotto fertig. Spinat-Kräuter-Püree, Parmesan und Crème fraîche einrühren, mit Salz und Pfeffer abschmecken und auf Teller verteilen.

Ein Fischrisotto wird aus dem vegetarischen Risotto, wenn Sie den Käse durch etwas mehr Crème fraîche oder einige Butterflöckchen ersetzen und jeweils ein Stück gebratenen oder gedämpften Fisch auf jedem Risotto servieren. Die Brühe für dieses Fischrisotto kann ein Fischfond sein – muss aber nicht. Auch Gemüse- und Geflügelbrühe verstärken den frischen Spinat-Kräuter-Geschmack.

Misosuppe

Zeit: 15 Minuten

Miso lebt: Wie Joghurt oder Sauerkraut enthält auch Misopaste nach ein- bis zweijähriger Fermentation reichlich Milchsäurebakterien, Edelschimmelkulturen und allerlei andere gesunde Mikroorganismen und Enzyme. Damit diese Mikroorganismen und Enzyme ihre »probiotische« Wirkung entfalten können, soll Miso möglichst wenig und nur kurz erhitzt werden. In Japan gehört die fermentierte Sojabohnenpaste zu den eiweißreichen Grundnahrungsmitteln. Sie wird aber wegen ihres hohen Salzgehaltes trotzdem sparsam verwendet, fast wie eine Art natürlicher Brühwürfel.

125 g Schnellkoch-Reis, 1 l Gemüse-, Geflügel- oder Rinderbrühe (siehe rechts oder S. 168), 2 EL Instant-Wakame-Algen, 4 cm Ingwerwurzel, 2 Frühlingszwiebeln, 1 milde rote Peperonischote (oder 1 Chilischote), 80 g Miso (z. B. rotes Aka-Miso), 1 Limette

Reis nach Packungsanweisung (ca. 8 Minuten) in Salzwasser kochen. Die Gemüsebrühe aufkochen, Wakame-Algen zugeben. Ingwerwurzel schälen und reiben oder in hauchdünne Scheiben schneiden. Frühlingszwiebeln putzen, dabei Wurzeln und welke Teile entfernen. Die Zwiebeln in mittelfeine Ringe schneiden. Peperoni ebenfalls in Ringe schneiden und mit Ingwer und Frühlingszwiebeln in die Brühe geben.

Miso in einer Schüssel mit etwas heißer Brühe cremig rühren, die Misocreme in die Suppe rühren. Reis abgießen, in Suppenschalen verteilen, mit Misosuppe begießen und mit Limettenspalten servieren.

Fast noch ein Fitnessdrink: Die einfachste aller Misosuppen besteht aus einem großen Glas (400 ml) kochend heißem Wasser, gemixt mit 2 EL Miso. Ersetzen Sie Ihr gewohntes Frühstück durch den Misodrink, und Sie werden auf jeden Fall schlanker und gesünder. Probieren Sie verschiedene Misosorten aus, meiner Meinung nach schaden auch ein paar Blättchen Koriander, Shisokresse (= Perilla) oder Schnittlauch nicht. Ein Schuss Chilisauce macht sich ebenfalls gut im Misodrink, aber damit ist es schon fast wieder eine richtige Suppe, und dafür lohnt es sich, eine Brühe vorzubereiten.

Entweder eine japanische Dashibrühe aus Bonitoflocken und Kombu-Algen oder eine ganz einfache Gemüsebrühe: 2 Zwiebeln ungeschält halbieren und auf einem Stück Alufolie direkt auf der Herdplatte mit der Schnittfläche nach unten bei großer Hitze rösten, bis die Schnittflächen schwarz sind. Währenddessen etwa 400 g Gemüse(-reste), z. B. Sellerie, Fenchel, Möhren oder Tomaten waschen und grob zerkleinern. Einige Knoblauchzehen mit einem Fleischklopfer oder einem Topfboden quetschen. Alles zusammen mit Kräutern wie zum Beispiel Thymian, Petersilie, Liebstöckel oder Bohnenkraut und wenigen getrockneten Pilzen in einen Topf geben. 1,8 l Wasser angießen, 20 Minuten bei milder Hitze kochen, mit Salz und Pfeffer würzen und 10 Minuten fertig kochen. Die Brühe durch ein feines Sieb gießen und abschmecken. Im Kühlschrank hält sie sich eine Woche, im Tiefkühler einige Monate.

Glasiertes Tamarindengemüse

Zeit: 15 Minuten

Tamarinde wächst in sehr hübschen braunen Schoten. Das Mark dieser Schoten enthält neben einer angenehm fruchtigen Säure zähe Fasern und viele Kerne. Um die zu entfernen, muss man das Tamarindenmark mit heißem Wasser lösen und durch ein Sieb streichen. Bei Tamarindenpaste aus dem Glas ist dieser etwas lästige Arbeitsschritt schon erledigt.

In südostasiatischen Ländern dient Tamarinde als Säuerungsmittel für Suppen, Saucen und Salate. Meine Lieblingsanwendung stammt aus der Gegend von Ho-Chi-Minh-City, dort gibt es mit Tamarinde glasierte Riesengarnelen auf Salatblättern, mit gezupften Kräutern, Limettenstücken und Pfeffer-Salz. Daneben schmeckt die supersimple Glasur aber auch mit knusprig gebratenen Hähnchenflügeln, Kalbs- und Lammfilet oder Gemüse.

250 g Hokkaidokürbis, 1 kleiner Rettich, 1 kleiner Brokkoli, 3–4 Knoblauchzehen, 6 EL Öl, 2 EL brauner Zucker, 3–4 EL Tamarindenpaste (Glas), Salz, Pfeffer, Fischsauce (nach Belieben)

Kürbis waschen, die Kerne entfernen. Das Fruchtfleisch in schmale Spalten schneiden. Den Rettich schälen, der Länge nach vierteln und in 5 mm dicke Scheiben schneiden. Den Brokkoli in Röschen teilen, den Brokkolistiel schälen, ebenfalls in Scheiben schneiden. Die Knoblauchzehen mit der Breitseite eines großen Messers ungeschält leicht quetschen.

Kürbisstreifen in einem Wok oder einer großen beschichteten Pfanne mit Öl und den Knoblauchzehen 2 Minuten bei großer Hitze frittieren. Rettich und Brokkoli zugeben, mit Salz und Pfeffer würzen, durchschwenken. Nach 5 Minuten das Fett abgießen, braunen Zucker und Tamarindenpaste zugeben, 2 Minuten glasieren. Eventuell mit etwas Fischsauce abschmecken und mit Reis servieren.

Asiatische Kräuter wie Koriander, Thaibasilikum oder Perilla passen gut zur Tamarindenglasur. Aber auch Verbene – na klar – oder Petersilie harmonieren mit Tamarinde und Gemüse. Das können Sie zum Beispiel mit Lauch, Sojasprossen, Möhren oder Mangold variieren.

Schnellkochgetreide

Bulgursalat mit Pfirsich und Zucchini

Zeit: 15 Minuten

Viele Getreide-Grundprodukte kommen heute überwiegend vorgegart in den Handel, und selbst ambitionierte Sterneköche nutzen mindestens Schnellkoch-Polenta und -Couscous. Dieser wird wie Bulgur aus Weizen hergestellt. Beide wirken zwar wie Vollkornprodukte, Varianten aus geschälten Körnern sind aber häufiger. Welche davon Sie in den Händen halten, steht auf der Packung – nicht immer sehr auffällig.

250 g Schnellkoch-Bulgur oder -Couscous, Salz, Kardamompulver (oder Kreuzkümmel), 1 getrocknete Chilischote, 2 sehr kleine Zucchini, 2 Pfirsiche (oder 200 g Aprikosen), ½ Bund Minze, 1 Bio-Zitrone, 3–4 EL Olivenöl, Pfeffer

Bulgur (nach Packungsanweisung) mit 250 ml Wasser aufkochen, salzen, mit Kardamom würzen. Die Chilischote zerbröseln, ebenfalls zum Bulgur geben. Zugedeckt ziehen lassen.

Zucchini in hauchdünne Scheiben schneiden. Pfirsiche waschen und von den Steinen lösen, das Fruchtfleisch in Spalten schneiden. Die Minzeblättchen zupfen und hacken. Zitrone auspressen, den Saft mit Zucchini, Pfirsich und Minze mischen, würzen, Olivenöl zugeben. Sie können den Salat gut vorbereiten, sollten Sauce und Bulgur aber erst kurz vor dem Servieren mischen und abschmecken.

Polentaschnitten mit Paprikasalsa

Zeit: 20 Minuten

600 ml Geflügelbrühe, 150 g Polentagrieß, 5 EL Olivenöl, Salz, Pfeffer, Muskat, 150 g Mozzarella, 2 Passionsfrüchte (oder ½ Limette), 2 hellgrüne Spitzpaprika, 1 Birne, ½ Bund Thymian (oder Bohnenkraut), 1 EL süßsaure Chilisauce (kaufen oder selber machen, siehe S. 164)

Backofengrill vorheizen. Geflügelbrühe in einem kleinen Topf aufkochen lassen, 2 EL Olivenöl dazugeben. Den Maisgrieß unter Rühren in den Topf rieseln lassen, aufkochen lassen, mit Salz, Pfeffer und Muskat abschmecken und nach Packungsanweisung ca. 5 Minuten zugedeckt bei sehr schwacher Hitze quellen lassen. Ein Backblech (oder einen großen Teller) mit wenig Öl bestreichen, die Polenta darauf verteilen und mit einem gefetteten Pfannenwender glatt streichen. Mozzarella in Scheiben schneiden, auf der Polenta verteilen und auf der mittleren Schiene im Ofen 5 Minuten überbacken.

Währenddessen die Passionsfrüchte halbieren und auslöffeln (oder die Limette auspressen). Spitzpaprika waschen, halbieren und entkernen, das Fruchtfleisch zuerst in 1 cm breite Streifen, dann in Quadrate schneiden. Paprika und Passionsfruchtmark mischen, salzen. Die Birne würfeln, dabei das Kernhaus entfernen. Thymian zupfen. Paprika mit den anderen Zutaten für die Salsa mischen, restliches Olivenöl und Chilisauce zugeben, abschmecken.

Polenta aus dem Ofen nehmen, in größere Rechtecke schneiden und mit der Salsa servieren.

Bratwurst

Salsicce-Lauch-Ragout und Polenta

Zeit: 25 Minuten

Bratwürste müssen stark gesalzen sein, damit das Brät gut bindet. Meistens sind sie insgesamt so kräftig abgeschmeckt, dass Sie zumindest grobe Bratwürste fast wie ein Gewürz einsetzen können. Und weil die Hackmasse schön ordentlich in der Wursthaut verpackt ist, vertrocknen die Würste auch nicht so schnell im Tiefkühlfach – wo deshalb immer ein paar von ihnen liegen sollten.

400 g italienische Salsicce (oder andere rohe grobe Bratwürste), 500 g Lauch, 1 Rosmarinzweig, 2 EL getrocknete Cranberries oder Rosinen, 100 ml Weißwein, 400 g Sahne, 125 g Schnellkoch-Polentagrieß

Salsicce der Länge nach halbieren, dabei die Haut abziehen. Wursthälften in einer beschichteten Pfanne bei großer Hitze von beiden Seiten je 5 Minuten braun braten. Währenddessen die Lauchstangen längs vierteln, unter fließendem Wasser waschen, trocken schütteln und in fingerbreite Streifen schneiden. Lauch zu den Salsicce geben, umrühren. Rosmarin und Cranberries zugeben, mit Weißwein ablöschen, nach 2 Minuten mit Sahne aufgießen. 12 Minuten einkochen lassen.

Einen halben Liter Wasser oder Brühe aufkochen, salzen. Polentagrieß einrühren und 5 Minuten quellen lassen. Das Bratwurst-Lauch-Ragout abschmecken und auf der weichen Polenta servieren.

Eigentlich eine gute Basis für ein rustikales Gericht mit schwarzen Trüffeln. Nein, keine Sommertrüffel (geschmacklos), keine chinesischen Trüffel (auch geschmacklos) und auch kein Trüffelöl (Chemie). Schwarze Perigordtrüffel sollten es schon sein. Die können Sie dünn hobeln, in etwas Bratfett von den Salsicce andünsten und dann neben dem Herd ziehen lassen, bis Polenta und Lauchragout fertig sind – dafür die Cranberries bitte weglassen. Zuletzt die Trüffel auf dem fertigen Gericht verteilen.

Fragt sich nur, ob das Salsicce-Lauch-Ragout auch mit den teuren Pilzen noch zu den Gerichten gehört, deren Vor- und Zubereitung wenig Zeit braucht. Denn schließlich müssen Sie ja zuerst das Geld verdienen, um die Pilze zu bezahlen …

Nudeln aus dem Kühlregal

Kürbisgnocchi mit geschmortem Radicchio

Zeit: 10 Minuten

Nicht jeder hat immer eine italienische Oma zur Hand, die für die ganze Familie täglich frische Gnocchi, Orecchiette oder Farfalle formt. Im Falle von Pasta-Sorten, die frisch am besten schmecken, kann das Kühlregal manchmal die Oma ersetzen. Dummerweise erzählt es Kindern keine Gute-Nacht-Geschichten.

2 x 400 g Kürbisgnocchi aus dem Kühlregal im Bio-Supermarkt, 4 längliche Radicchiosalate, Kürbiskerne, 2 EL Olivenöl, Salz, Pfeffer, 1 TL brauner Zucker, 2 EL Balsamessig, 1 Bund Rucola, 3 EL geriebener Bergkäse

Kürbisgnocchi in einem Topf mit kochendem Salzwasser erhitzen.

Radicchio der Länge nach halbieren, waschen und trocken schütteln. Mit den Kürbiskernen im Olivenöl auf der Schnittfläche 2 Minuten braten, Radicchio wenden, noch einmal 2 Minuten braten, mit Salz, Pfeffer und Zucker würzen und mit Balsamessig ablöschen. Einen Deckel auflegen und auf der ausgeschalteten Platte noch etwas ziehen lassen. Rucola waschen, trocken schütteln und zupfen.

Die Gnocchi abgießen, dabei 100 ml der Garflüssigkeit auffangen. Gnocchi mit Garflüssigkeit und dem Bergkäse schwenken. Mit Radicchio und Kürbiskernen anrichten und mit Rucola bestreuen.

Die milde Schärfe der Rucolablätter ergänzt das süß-sauer-salzig-bittere Radicchiogemüse. Mit frisch geriebenem Meerrettich statt Rucola wird es noch ein bisschen schärfer. Kinder schmecken sowohl scharfe als auch bittere Geschmäcker stärker als Erwachsene – deshalb muss es hier einen Kinderteller geben, mit Gnocchi und ein paar Kürbiskernen. Weil die Glasur der Kürbiskerne einen Hauch des Radicchiogeschmacks transportiert, bekommen Ihre Kinder eine Ahnung von Radicchio, lange bevor sie ihn selber wirklich essen würden. Ganz ähnlich hat Joseph Beuys – auf eine fast homöopathische Weise – seinem Sohn Wenzel Spuren fast aller denkbaren Nahrungsmittel in den Babybrei gemischt, um sein Kind möglichst früh in die Vielfalt der Düfte und Aromen einzuführen.

Hülsenfrüchte aus dem Glas

Kleines Cassoulet

Zeit: 20 Minuten und 20 Minuten im Ofen

Ein »großes« Cassoulet ist ein wuchtiges Gericht für kalte Tage. Für mehrere Tage: Am ersten Tag confieren Sie Enten- oder Gänsekeulen, das heißt, Sie garen die Keulen in Enten- oder Gänsefett. Am zweiten Tag weichen Sie Bohnen ein, am dritten Tag kochen Sie Bohnen mit Schweinebauch und -schwarte stundenlang weich, braten grobe Bratwürste und schichten alles zusammen mit Brühe und Entenkeulen-Confit in eine tönerne Auflaufform. Dann kommt der Trick: Zwiebeln und Knoblauch im Bratfett der Würste oder der Entenkeulen dünsten, die gekochte Schweineschwarte in Stücke schneiden und mit den Zwiebeln bräunen. Die Mischung mixen, über die Bohnen verteilen und langsam überbacken. So entsteht eine aromatisch-knusprige Kruste auf dem Bohnenauflauf. Doch das dauert uns alles viel zu lange, für unser »kleines« Cassoulet konzentrieren wir uns auf diesen Trick.

4 grobe Schweinsbratwürste, 2 EL Öl,
3 Zwiebeln, 2 Knoblauchzehen,
150 g geräucherter Speck in dünnen Scheiben (am besten vom Schweinerücken),
1 kleine Fenchelknolle, 2 Möhren,
1 Bund Petersilie, ½ Bund Majoran,
1 großes Glas kleine weiße Bohnen (480 g Abtropfgewicht), 100 ml Weißwein,
300 ml Wasser, Salz, Pfeffer

Bratwürste mit 1 EL Öl von beiden Seiten braun braten. Währenddessen Zwiebeln und Knoblauch schälen, halbieren und in dünne Scheiben schneiden. Den Speck in Streifen schneiden. Speck, Zwiebeln und Knoblauch nach 5 Minuten zu den Bratwürsten geben.

Backofen auf 220 Grad vorheizen (Umluft 200 Grad). Fenchelknolle halbieren und in Scheiben schneiden. Möhren schälen, der Länge nach vierteln und in fingerdicke Stücke schneiden. Mit 1 EL Öl in einer ofenfesten Pfanne anbraten. Petersilie und Majoran zupfen und grob hacken. Die Bohnen aus dem Glas abgießen. Bohnen mit Gemüse und Kräutern mischen, Bratwürste dazulegen, mit Weißwein ablöschen, mit Wasser aufgießen und mit Salz und Pfeffer abschmecken. Kochen lassen.

Speck und Zwiebeln mit dem Bratfett im Blitzhacker zerkleinern. Nach etwa 10 Minuten Garzeit über den Bohnen verteilen. Auf der mittleren Schiene im Ofen 20 Minuten überbacken.

Bohnenrisotto

Zeit: 20 Minuten

250 g Risottoreis, 3 EL Butter, 1 l Brühe, 4 EL schwerer Rotwein, 1 großes Glas Borlotti-Bohnen (oder eine andere Sorte, 480 g Abtropfgewicht), 1 Scheibe Toastbrot, 3 Zweige Bohnenkraut, 3 EL geriebener Raclette- oder Parmesankäse

Risottoreis mit 1 EL Butter unter Rühren 2–3 Minuten rösten. Die Brühe aufkochen und warm halten. Den Reis mit Rotwein ablöschen, vollständig einkochen. Zuerst ungefähr ein Drittel der Brühe angießen, den Rest nach und nach zum Risotto geben, dabei mit einem Holzlöffel immer wieder sanft umrühren, sodass alle Reiskörner gleichmäßig von einer cremigen Schicht überzogen werden.

Nach etwa 10 Minuten die Bohnen abgießen, abspülen, abtropfen lassen und zum Reis geben. Das Toastbrot zerpflücken und mit der restlichen Butter knusprig braten. Aus der Pfanne nehmen und im Blitzhacker mit Bohnenkraut und einer Prise Salz zerkrümeln.

Nach 18–20 Minuten das Risotto vom Herd nehmen und den Käse unterrühren. Mit Salz und Pfeffer abschmecken, auf vorgewärmte Teller verteilen, mit den Bröseln bestreuen und sofort servieren.

Räucherlachsfilet mit Nigella-Kraut

Zeit: 35 Minuten

Geräucherte Lachse sind gar, sogar wenn sie kalt geräuchert werden und die Filetfarbe orangerot bleibt. Rauch aromatisiert den Fisch, während Salz und Zucker die Eiweißmoleküle im Fischfilet denaturieren, ähnlich wie es auch unter Hitzeeinwirkung geschieht. Wenn wir unser Räucherlachsfilet hier also bei Niedertemperatur garen, können wir den richtigen Garpunkt nicht verfehlen, denn der Fisch war ja schon vorher gar.

1 EL Nigellasamen (= Schwarzkümmel, Alternative: Kreuzkümmel), 3 EL Rapsöl, 400 g Sauerkraut, Majoran, Salz, Pfeffer, 125 ml Weißwein, 200 ml Geflügelbrühe, 4 Stücke (!) Räucherlachsfilet – je ca. 150 g, 1 Bund Lauchzwiebeln, 1 Birne, 1 TL brauner Zucker, 4 EL Crème fraîche

Nigellasamen mit 2 EL Rapsöl 1 Minute anbraten, das Sauerkraut zugeben, mit Majoran, Salz und Pfeffer würzen und bei milder Hitze 10 Minuten dünsten. Mit Weißwein und Geflügelbrühe ablöschen und 10 Minuten zugedeckt garen. Lachsfilets auf das Kraut legen, Topfdeckel auflegen und die Herdplatte ausschalten, ca. 10 Minuten ziehen lassen.

Währenddessen die Birne waschen und vierteln, das Kerngehäuse entfernen. Birnenviertel in Spalten schneiden. Lauchzwiebeln putzen, dabei Wurzeln und welke Blätter entfernen. Lauchzwiebeln schräg in 4 cm große Stücke schneiden und mit den Birnenspalten und dem restlichen Öl in einer beschichteten Pfanne 3 Minuten braten. Mit Zucker bestreuen, karamellisieren lassen und mit Salz und Pfeffer abschmecken.

Birnengemüse und Lachsfilets anrichten. Das Sauerkraut bei großer Hitze 2 Minuten einkochen, abschmecken, ebenfalls anrichten. Mit je einem Löffel Crème fraîche garnieren. Dazu passen Spätzle, Kartoffelpüree oder Salzkartoffeln.

Nigella ist nicht nur der Vorname von Sarah Wieners englischem Gegenstück, Nigella Lawson, sondern auch der eines Gewürzes, das manchmal auch Schwarzkümmel genannt wird. Sie kennen es als schwarze Punkte auf orientalischen Fladenbroten, dort erinnert Schwarzkümmel an verbrannte Sesamkörner. Außerdem ist Nigella ein Bestandteil der indischen Gewürzmischung Panch Phoron. Um den mild-nussigen, leicht pfeffrigen Geschmack herauszuarbeiten hilft es, die Samen zu rösten. In europäischen Gärten wächst ein sehr naher Verwandter, die Jungfer im Grünen. Deren Samen sind von echten Schwarzkümmelsamen praktisch nicht zu unterscheiden und schmecken ganz ähnlich.

Kartoffelgulasch mit geräuchertem Saibling

Zeit: 20 Minuten

Saiblinge werden oft wie Forellen gezüchtet und meist heiß geräuchert. Da der Rauch zwischen Glut und Fisch nicht abkühlen muss, ist die Technik besonders einfach. Mancher Angler räuchert seinen Fang nicht einmal in einem Räucherofen, sondern in einer größeren Blechbüchse.

750 g Kartoffeln, 400 ml Geflügelbrühe, 2–3 Zucchini, 2 geräucherte Saiblingsfilets – je ca. 150 g (oder Forellenfilets), Salz, Pfeffer, 1 EL geriebener Meerrettich, 1 EL Kürbiskernöl, 1 Schachtel Kresse

Kartoffeln schälen, würfeln und mit der Geflügelbrühe aufkochen. Einen Deckel auf den Topf legen und bei schwacher Hitze 10 Minuten garen. Zucchini waschen und in Scheiben schneiden, nach 10 Minuten zu den Kartoffeln geben.

Saiblingsfilets zerpflücken, dabei eventuell vergessene Gräten entfernen. Nach 15 Minuten, wenn die Kartoffeln gar sind, den Fisch vorsichtig unter das Kartoffelgulasch rühren, einmal aufkochen und vom Herd nehmen. Mit Salz, Pfeffer und Meerrettich abschmecken, anrichten, mit ein paar Tropfen Kürbiskernöl und der Kresse garnieren und servieren.

Mini-Pfirsich-Strudel

Zeit: 15 Minuten und 20 Minuten Backzeit

Einen guten Strudelteig selber zu kneten, macht viel Spaß, gehört aber zu den Übungen für Fortgeschrittene. Es gibt zwar Fertigprodukte, aber die sind meist trocken und brüchig – eigentlich nicht zu gebrauchen. Hilfe kommt aus dem Osten: TK-Frühlingsrollenblätter oder dreieckig vorgeschnittene Yufka-Teigblätter eignen sich hervorragend für knusprige kleine Portionsstrudel. Angebrochene Packungen können Sie in Frischhaltefolie wickeln und einfrieren. Bei Bedarf nehmen Sie den Teig aus dem Tiefkühlfach, warten einige Minuten und ziehen dann nacheinander so viele Teigschichten ab, wie Sie benötigen. Den Rest lassen Sie dabei gar nicht erst auftauen.

400 g Pfirsiche (oder andere nicht zu weiche Früchte, z. B. Birne, Apfel, Zwetschge, Ananas, Mango), 100 g getrocknete Früchte (z. B. Aprikosen, Apfelringe, Feigen), 2 EL Zucker, 1 Msp. Zimt oder gemahlener Kardamom, 3–4 EL Butter, 2 EL Crème fraîche, 50 g Rohmarzipan, 8 Frühlingsrollenblätter (TK im Asienladen, nicht die getrockneten aus Reismehl), 4 EL gemahlene Pistazien oder Mandeln, Puderzucker zum Bestreuen

Früchte schälen, je nach Größe sechsteln, vierteln oder halbieren. Alle Stücke, die größer als eine Pflaume sind, in 5 mm dicke Scheiben schneiden. Die getrockneten Früchte hacken. Frische und getrocknete Früchte mit Zucker und Zimt oder Kardamom mischen.

Die Butter zerlassen. Crème fraîche und Marzipan im Blitzhacker cremig pürieren. Ofen auf 240 Grad vorheizen (Umluft 220 Grad). Frühlingsrollenblätter mit flüssiger Butter dünn bestreichen und mit Pistazien bestreuen. Je zwei Teigblätter aufeinanderlegen. Auf die Hälfte der Fläche die Füllung verteilen, dabei einen schmalen Rand freilassen. Je 2–3 Teelöffel Marzipancreme auf die Früchte geben, die Strudel eng aufrollen und auf ein gebuttertes Blech setzen. Mit der verbliebenen flüssigen Butter einpinseln und ca. 10 Minuten goldbraun backen. Kurz ruhen lassen, mit Puderzucker bestreuen und servieren.

Yufka-Teig

Yufka-Pflaumenkuchen

Zeit: 20 Minuten

Yufka-Teig ist das türkische Pendant zum Strudelteig, Filo-Teig der griechische Name dafür, und Kanaki-Teig ist einfach nur eine Firmenbezeichnung für den Teig eines wichtigen Anbieters. Doch was ist Brick-Teig? Ganz einfach: Es handelt sich um den gleichen Teig, nur stammt er aus den frankophonen Ländern Nordafrikas. Alle Varianten werden aus Mehl, Öl, Wasser und Salz geknetet, ganz dünn ausgerollt und auf sehr heißen Metallplatten vorgebacken – dadurch kleben die einzelnen Teigblätter später nicht zusammen, obwohl der Teig in der Pakkung feucht und geschmeidig bleibt. Die Größe der angebotenen Teigblätter ist sehr unterschiedlich. Für die meisten Anwendungen sind kleinere Teigstücke wie die dreieckig zugeschnittenen Yufka-Blätter für Zigaretten-Börek (eine Art türkische Frühlingsrolle) am praktischsten.

4 EL Butter, 12 dreieckige Yufka-Blätter (o.Ä.), 6 EL Puderzucker, 500 g Pflaumen oder Zwetschgen, 1 Vanilleschote, 100 g Spekulatius (oder Cantucci-Kekse), 1 EL Balsamessig (z.B. Aceto Balsamico Traditionale di Modena)

Backofen auf 200 Grad vorheizen (Umluft 180 Grad). 2 EL Butter schmelzen, Yufka-Blätter damit bestreichen. Jeweils drei Teigblätter übereinanderlegen und halbieren, sodass aus den vier großen, dreilagigen Dreiecken insgesamt acht kleinere Dreiecke entstehen. Je vier davon auf ein mit Backpapier ausgelegtes Blech legen, mit Puderzucker bestäuben. Die beiden Bleche nacheinander auf der zweituntersten Schiene im Ofen jeweils 4–6 Minuten backen, bis der Puderzucker hell karamellisiert und der Teig goldbraun und knusprig gebacken ist.

In der Zwischenzeit die Pflaumen waschen, abtropfen und entsteinen. Vanilleschote in vier Stücke schneiden, die Kekse zerbröseln. 4 EL Puderzucker mit der restlichen Butter in einer schweren Pfanne erhitzen. Sobald der Zucker schmilzt, die Pflaumen zugeben und mit Balsamessig ablöschen. Keksbrösel zugeben und 2–3 Minuten einkochen.

Je zwei karamellisierte Yufka-Dreiecke mit gedünsteten Balsamessig-Pflaumen anrichten und sofort servieren. Dazu passt geschlagene Sahne oder Zitroneneis.

Pasteis de Lima

Zeit: 25 Minuten

Eine Reise nach Lissabon lohnt sich auch wegen der grandiosen Hügellage der Stadt am Tejo-Fluss, alten und neuen Architekturdenkmälern und dem Klagegesang portugiesischer Fado-Musiker. Für kulinarisch orientierte Reisende ist Lissabon jedoch vor allem die Heimat kleiner, feiner Vanilletörtchen »Pasteis de nata«, die den portugiesischen Vormittag versüßen. Meine »Pasteis de Lima« sind eine Kreuzung aus dem portugiesischen Original und französischen Zitronentörtchen. Seit ich sie zum ersten Mal gebacken habe, überlege ich, eine Pasteis-de-Lima-Stube zu eröffnen ...

3 Scheiben Blätterteig (= ½ Packung), 5 EL Muscovado-Zucker (oder Zucker), Butter für die Formen, 3 Bio-Limetten, ½ Pckg. Vanillepuddingpulver, 3 EL Zucker, 175 ml Milch, 1 Ei, 2 cl Rum, außerdem 1 Muffinblech

Ofen auf 200 Grad vorheizen (Umluft 180 Grad). Blätterteig auftauen lassen. Muscovado-Zucker auf einen flachen Teller geben. Eine Blätterteigscheibe mit wenig Wasser bestreichen, in den Muscovado-Zucker drücken, mit der Zuckerseite nach unten auf ein Schneidebrett legen, die Oberseite mit wenig Wasser bestreichen. Die zweite Teigplatte mit Wasser bestreichen, in den Zucker drücken. Dann mit der Zuckerseite nach unten auf die erste Teigplatte legen. Die dritte Teigplatte wie die zweite Platte bestreichen, zuckern, mit der Zuckerseite nach unten auf die beiden anderen Teigplatten legen. Mit einem Wellholz den Teig ganz leicht quer andrücken und ausrollen, sodass der gesamte Teigstapel danach 12 cm breit ist. Die Teigplatten von der Querseite her zu einer 12 cm langen und 5 cm dicken Rolle aufrollen. Die Rolle mit Wasser bestreichen und in Muscovado-Zucker wälzen. Teigrolle mit einem scharfen Messer in 12 Scheiben mit je knapp 1 cm Dicke schneiden.

Die Teigscheiben auf der Arbeitsfläche mit der Hand etwas flach drücken, in gebutterte Muffinformen legen und so andrücken, dass die Ränder der Form weitgehend vom Teig bedeckt sind. Tarteletts im Ofen ca. 15 Minuten goldbraun backen.

Währenddessen die Füllung vorbereiten: Die Limettenschale abreiben, 80 ml Saft auspressen. Puddingpulver mit 3 EL Zucker und 3 EL Milch verrühren. Restliche Milch aufkochen, kurz vom Herd nehmen. Puddingmischung unterrühren, eine halbe Minute unter Rühren kochen. Vom Herd nehmen, das Ei verquirlen und unterrühren. Limettensaft und -schale zugeben, mit Rum abschmecken.

In jedes Tartelett einen Löffel Limetten-Rum-Creme geben, 5 Minuten fertig backen. Tarteletts aus dem Ofen nehmen und sofort aus den Formen lösen, bevor der karamellisierte Zucker erstarrt. Aus Silikonformen lösen sich die Tarteletts besonders gut, sogar wenn sie in der Form abkühlen. Pasteis de Lima mit Puderzucker bestreuen, warm servieren.

Zeitmanagement

Kochen für Gäste

Reifenwechsel am Nürburgring dauern nur wenige Sekunden, weil sie sehr gut vorbereitet sind. In der Küche heißen solche Vorbereitungen »mise-en-place«, sie sollen die Arbeit im Restaurant effizient organisieren. Köche arbeiten oft mindestens 12 Stunden am Tag, obwohl die allermeisten Bestellungen abends innerhalb von zwei kurzen Stunden in die Küche flattern. Bis der große Tanz beginnt, wird den ganzen Tag lang vorbereitet. Kurz vor dem Service, also kurz bevor die Gäste kommen, ist die Küche aufgeräumt. Jede Pfanne, jeder Löffel, jeder Gemüsewürfel und jedes Gewürz steht an seinem Platz. Wie Autoreifen und Pressluftschrauber in der Box am Nürburgring. Sodass ich als Koch alles, was ich brauche, später sofort blind greifen kann. Mit den gleichen Methoden können Sie auch daheim kleinere und größere Festessen geben, ohne dabei in Hektik zu geraten. Gute Organisation spart etwas Zeit und macht manches scheinbar komplizierte Menü überhaupt erst möglich.

Noch vor jeder Ablaufplanung stellt sich die Frage: Was will ich mit meinem Essen erreichen? Die Antwort klingt banal: Ein gelungenes Essen bleibt den Gästen in Erinnerung. Wie in der Psychologie der Werbung suchen wir nach einer Art USP (Unique Selling Proposition) im Tauschhandel gegenseitiger Einladungen. Am leichtesten gelingt es, für eine bleibende Erinnerung zu kochen, wenn sich das Menü sowohl vom Alltagsessen als auch von anderen Menüs möglichst stark unterscheidet. Etwa durch große Komplexität der Zubereitungen oder ausgesuchte Zutaten. Als Profikoch neige ich zum Beispiel dazu, ein Menü oder ein Buffet mit möglichst vielen kleinen Angebergerichten zuzubereiten und dafür den ganzen Tag in der Küche zu verbringen. Das macht mir Spaß, hat aber den Nachteil, dass ich selber nicht sehr häufig zum Essen eingeladen werde. Es gibt noch eine zweite, bessere Möglichkeit, Ihre Gäste zu beeindrucken: Konzentrieren Sie sich auf ein Thema. So sparen Sie viele Stunden bei der Vorbereitung und bauen keine Hemmschwellen für Gegeneinladungen auf. Zwiebelkuchen mit jungem Wein ist so ein Thema. Einfach, aber trotzdem perfekt. Vor Kurzem war ich zu Gast bei einer Veranstaltung Münchner Restaurants, die dort ihre Spezialitäten präsentierten. Vor einem Stand war die Menschentraube viel größer als vor allen anderen. Dort gab es außergewöhnlich gutes Bauernbrot mit besonders frischer Butter. Punkt. Für einen Butterbrot-Themenabend im Stehen würde ich geschnittene Kräuter, ein edles Salz, Pfeffermühlen und einen frischen Weißwein dazu servieren – und Gäste einladen, die anregende Gespräche versprechen. Genug für einen denkwürdigen Abend. Die Unterhaltung können Sie zusätzlich stimulieren, indem Sie ein Rezept wählen, dessen Vollendung Ihre Gäste selbst bestimmen können. »Roll dir dein Sushi« (Rezept S. 114) ist ein gutes Motto, wenn Sie nicht gerade auf einem Flokati-Teppich feiern.

Meat-Pie-Party Aussie-Style

Zeit: 45 Min. und je 30 Min. Schmor- und Backzeit

Fleisch-Kuchen oder Meat-Pies waren frühes Streetfood für die australische Arbeiterklasse. Wenn der Pie-Man mit seinem kohlenbeheizten Wägelchen kam, begann die Mittagspause. Heute verspeisen Australier Millionen ihrer handlichen Lieblingssnacks im Stadion oder bei großen Festen. Auch bei uns in Europa eignet sich die Meat-Pie-Party besonders gut, um damit Sportveranstaltungen zu begleiten. Die Menge im Grundrezept reicht für ein Muffinblech, also 12 Stück – damit werden 3–4 Personen satt, wenn es außer Bier keine Beilagen gibt. Sie können die Mengen vervielfachen und dann nacheinander oder gleichzeitig in mehreren Muffinblechen backen. Servieren Sie die fertigen Meat-Pies lauwarm oder abgekühlt. Noch besser lassen sich Meat-Pies vorbereiten, indem Sie die rohen Pies in der Muffinform einfrieren und bei Bedarf einfach auf einem flachen Blech gefroren in den Ofen schieben – dann bei 160 Grad Umluft ca. 30 Minuten backen. Legen Sie vor dem Einfrieren einen doppelt gefalteten Backpapierstreifen in jede Form, sodass die Enden des Streifens später als Griff dienen können, um die gefrorenen Kuchen leicht aus der Form lösen zu können.

Für den Teig: 300 g Mehl, Salz, 100 g Butter- oder Schweineschmalz, 100 ml Milch, 1 Eigelb zum Bestreichen, Sesam, grobes Salz, außerdem: 1 Muffinblech

Für das Ragout: 250 g Kalbsschulter (oder Lammschulter), 250 g Schalotten oder kleine Zwiebeln, 3 Thymianzweige, 1 Bund Petersilie, 2 EL Öl, 100 g passierte Tomaten, 150 ml Rotwein, Pfeffer

Vorbereitung: Mehl und eine kräftige Prise Salz in eine Schüssel geben. Schmalz, Milch und 100 ml Wasser aufkochen, über das Mehl gießen und mit einem Kochlöffel zu einem glatten Teig verrühren. Zudecken und vollständig abkühlen lassen.

Kalbfleisch klein würfeln (Hackfleisch geht auch), Schalotten schälen, halbieren und in Scheiben schneiden. Die Kräuter waschen, trocken schütteln, zupfen und hacken.

Backofen auf 200 Grad vorheizen (Umluft 180 Grad). Kalbfleisch und Schalotten mit 2 EL Butterschmalz hellbraun anbraten, mit Salz und Pfeffer würzen. Passierte Tomaten zugeben und um die Hälfte einkochen. Kalbsragout mit Rotwein auffüllen und ca. 30 Minuten zugedeckt schmoren. Die vorbereiteten Kräuter ins fertige Ragout rühren. Die Sauce soll am Ende sehr dickflüssig sein, falls nötig, ohne Deckel noch etwas einkochen.

Teig gut durchkneten, dünn ausrollen, 12 Kreise mit 9 cm Durchmesser und 12 Kreise mit 12 cm Durchmesser ausstechen. Die größeren Kreise in die Vertiefungen im Muffinblech legen. Kalbsragout einfüllen, Teigdeckel auflegen und an den Rändern andrücken. Eigelb mit einem Esslöffel Wasser verquirlen, die Pies damit einstreichen, mit Sesam und grobem Salz bestreuen und auf der untersten Schiene im Ofen 20 Minuten goldbraun backen.

Fertigstellung: Mit kaltem australischem Bier servieren.

Kürbis-Topfen-Serviettenknödel

Zeit: 20 Minuten und 70 Minuten Garzeit

Kürbis-Topfen-Knödel schmecken nicht nur salzig, sondern auch süß als Dessert – dafür muss kein Zucker in den Teig, aber ein bisschen ins Kochwasser. Für ein Knödelfest mit süßen und salzigen Knödeln benötigen Sie also je einen Kochtopf mit süßem und einen mit salzigem Wasser. Die süßen Knödel mit gerösteten Bröseln und Zimtzucker bestreuen und mit Kirsch-, Zwetschgenröster oder einem anderen Fruchtkompott servieren. Die Rezeptmenge ergibt je zwei Serviettenknödel für insgesamt 4–6 Personen und lässt sich problemlos vervielfachen.

1,2 kg Hokkaidokürbis, 500 g Topfen (Quark, 20 % Fett), 200 g Weizen-Dunst (heißt auch Spätzlemehl oder Wiener Griessler), 250 g Maniokgrieß für Farofa (Farinha de Mandioca crua oder torrada aus brasilianischen Lebensmittelläden oder Asienläden, Alternative: Weißbrotbrösel), 100 g weiche Butter, Salz

Vorbereitung: Backofen auf 190 Grad vorheizen (Umluft 170 Grad). Hokkaidokürbis waschen, entkernen und in große Spalten schneiden. Auf einem geölten Blech ca. 45 Minuten im Ofen garen. Kürbis schälen, braune Schnittflächen entfernen, 500 g Kürbisfruchtfleisch abwiegen und mit einer Kartoffelpresse zerdrücken. Topfen in einem Küchentuch fest ausdrücken, anschließend zusammen mit Weizen-Dunst, 100 g Maniokgrieß, 25 g Butter und einer Prise Salz zum Kürbis geben. Zu einem glatten Teig verkneten.

Zwei ca. 50 cm lange Stücke Frischhaltefolie auf zwei ebenso große Stücke Alufolie legen, die Frischhaltefolie leicht buttern. Kürbisteig entlang einer Längsseite auf die Folien löffeln, zuerst in Frischhaltefolie rollen, dann in der Alufolie fest einrollen. Die Enden wie ein Bonbonpapier zusammendrehen und mit einer Schnur fixieren. In einem großen Topf reichlich Wasser aufkochen, leicht salzen. Serviettenknödel ins Wasser geben, die Hitze so weit reduzieren, dass das Wasser gerade nicht mehr kocht. Etwa 20 Minuten gar ziehen lassen.

Restliche Maniok- oder Weißbrotbrösel unter ständigem Rühren in einer Pfanne goldbraun rösten. Nach 5 Minuten die verbliebene Butter zugeben, noch 1 Minute rösten und vom Herd nehmen.

Fertigstellung: Knödel aus dem Wasser heben, abtropfen, auspacken und in fingerdicke Scheiben schneiden. Mit Bröseln bestreuen und mit Lammragout oder Gulasch servieren.

Entscheidend für den Knödelteig ist der Wassergehalt des Kürbisfruchtfleisches. Kochen Sie einen kleinen Probeknödel ohne Serviette – wird er zu weich, geben Sie noch etwas Mehl zu, wird er zu fest, noch etwas Topfen. Wenn Sie die Mengen erhöhen, bitte nicht mehr Kürbis auf ein Backblech legen, sondern mit mehreren Blechen arbeiten, damit genügend Wasser aus dem Kürbis verdunsten kann.

Für 4–6 Portionen Lammragout 4 Knoblauchzehen schälen, 1–2 Peperoncini in Ringe schneiden, 2 Selleriestangen waschen, 1 Möhre schälen, die Nadeln von 1 Zweig Rosmarin abstreifen. Alles zusammen mit 1 EL Fenchelsamen hacken. 1 kg Lammschulter würfeln und mit 2 EL Olivenöl in einer schweren Pfanne goldbraun, fast knusprig braten. Gemüse und Kräuter zugeben, kurz rösten, salzen und pfeffern, mit 1 TL Mehl bestäuben, noch einmal kurz rösten, dann mit 125 ml Rotwein ablöschen. Rühren, damit es keine Klumpen gibt. 1 kg Tomatenwürfel (frisch oder aus der Packung) und 3 EL Rosinen zugeben, bei schwacher Hitze 60 Minuten schmoren.

Glasierter Schinken

Zeit: 30 Minuten schnippeln, 1 Stunde schmoren, 4 Stunden kochen, 2 Wochen pökeln

Wenig Arbeit, lange Garzeiten und ein fantastisches Ergebnis. Kein Wunder, dass große Schinkengerichte unbedingt zu hohen Feiertagen gehören. Wenn Sie Ihren Schinken nach unserem Rezept gekocht haben, können Sie ihn entweder wie beschrieben glasieren oder als Osterschinken in Brotteig vom Bäcker wickeln und backen.

Für 15–20 Personen: 1 mild gepökelter Schinken (3–4 kg, beim Metzger 2 Wochen vorbestellen oder siehe Tipp), 3 Zwiebeln, 1 EL Wacholderbeeren, 1 TL Nelken, 1 EL Pfeffer, 1 Bund Suppengrün, 3 Lorbeerblätter, 400 g Schalotten, 2 Äpfel, 1–2 EL Öl, 4 EL brauner Zucker, 500 ml Rotwein

Vorbereitung: Den Schinken in einen großen Topf geben, aufkochen und den aufsteigenden Schaum abschöpfen. Zwiebeln halbieren, die Gewürze im Mörser quetschen, zusammen mit Suppengrün und Lorbeer in den Topf geben. Bei sehr schwacher Hitze etwa 45 Minuten pro Kilogramm Fleisch köcheln lassen. Den Schinken herausnehmen und abtropfen lassen.

Zubereitung: Ofen auf 200 Grad vorheizen (Umluft 180 Grad). Schalotten schälen und halbieren, die Äpfel vierteln und entkernen. Zusammen mit 2 EL Öl in einer großen ofenfesten Pfanne oder einem Bräter 5 Minuten anbraten, Zucker zugeben und schmelzen lassen. Mit Rotwein ablöschen, den Schinken auf das Gemüse legen und noch 1 Stunde im Ofen schmoren. Nach 30 Minuten den Schinken mit der Flüssigkeit begießen oder bepinseln. Alle 5 Minuten wiederholen. Zum Schluss den Schinken auf eine Platte heben. Die Schalotten-Apfelsauce abschmecken und zum Schinken servieren.

Dazu passen Sauerrahm mit geriebenem Meerrettich und rustikales Bauernbrot. Auch Petersilienkartoffeln, Süßkartoffelpüree oder Kartoffelknödel. Und ein Krautsalat oder ein Salat aus grünen Bohnen passen ebenfalls wunderbar dazu.

Schinken pökeln ist nicht schwierig, macht viel Eindruck, und außerdem können Sie bestimmen, wie Ihr Schinken gewürzt wird, wenn Sie ihn selber einlegen. Den Schinken – zum Beispiel eine Spanferkelkeule – mit 1 kg grobem Salz in eine Schüssel geben, zudecken und 2 Tage im Kühlschrank ziehen lassen. Nach einem Tag einmal wenden. 3 l Wasser mit je 250 g Salz und braunem Zucker, 4 Rosmarinzweigen, der Schale von 1 Bio-Orange, 2 EL Wacholderbeeren, 2 EL Piment, 1 EL Pfeffer, 1 Zimtstange und 3 Lorbeerblättern aufkochen, im Topf abkühlen. Da Sie den gesalzenen Schinken später nicht weiterreifen lassen, sondern sofort kochen, können Sie auf spezielles Pökelsalz verzichten. (Für einen rosa gefärbten Schinken Pökelsalz vom Metzger verwenden.) Das Salz vom Schinken abwaschen, den Schinken trocken tupfen und in ein passendes Gefäß legen. Die Pökellake durch ein Sieb über das Fleisch gießen. Mit Frischhaltefolie abdecken und mit einem Topf oder einem anderen Gewicht beschweren. Das Fleisch muss von Lake bedeckt sein. 2 Wochen im Kühlschrank pökeln.

Luxus-Linsen

Zeit: 40 Minuten, 1 Stunde Garzeit und 4 Stunden Quellzeit

Der klassische Eintopf für gesellige Mitternachtsvergnügen – in einer Edelversion. Lässt sich sehr gut vorbereiten.

250 g Linsen (z. B. schwarze Belugalinsen), 2 Entenbrustfilets und 2 Entenkeulen (siehe Tipp), 2 Zwiebeln, 4 Knoblauchzehen, 4 cm Ingwerwurzel, 250 g Pilze nach Saison, 1 EL Fenchelsamen, 100 ml Balsamessig, 100 ml passierte Tomaten, ½ Bund Majoran (oder 1 Bund Oregano), 2 Bund Petersilie, 150 g Crème fraîche

Vorbereitung: Linsen mindestens 4 Stunden einweichen, abgießen und mit 1 l kaltem Wasser (oder Brühe) auf den Herd setzen, langsam zum Kochen bringen, bei milder Hitze ca. 30 Minuten weich kochen. Falls die Flüssigkeit nicht ganz reicht, warmes oder heißes Wasser nachgießen.

In der Zwischenzeit die Entenkeulen im Gelenk durchschneiden oder das Fleisch mit einem scharfen Messer von den Knochen lösen – das geht ganz einfach: Die Keule auf die Hautseite legen. Sobald Sie mit der Messerspitze den Knochen gefunden haben, erst rechts, dann links davon entlangschneiden und den Knochen herausnehmen. Das Fleisch aus der Keule und die beiden Entenbrustfilets mit Salz und Pfeffer würzen und bei milder Hitze auf der Hautseite ca. 15 Minuten braten, bis Sie sehen, dass das Fleisch fast durch ist. Wenden und 5 Minuten fertig braten. Das Entenfleisch aus der Pfanne nehmen, die Entenbrustfilets auf einem Teller ruhen lassen, das Bratfett aufbewahren. Das Fleisch aus den Keulen in kleinere Stücke schneiden.

Zwiebel, Knoblauch und Ingwer schälen und hacken. Die Pilze putzen, große Exemplare halbieren, vierteln oder in dicke Scheiben schneiden. Alles zusammen im aufbewahrten Entenschmalz 2–3 Minuten braten, Fenchelsamen zugeben und mit Balsamessig ablöschen. Passierte Tomaten, Linsen und Entenkeulen zugeben, 20 Minuten kochen lassen, oft umrühren, kräftig abschmecken. Die Kräuter waschen, trocken schütteln, zupfen und hacken. Entenbrustfilets in dünne Scheiben schneiden.

Fertigstellung: Den Linseneintopf noch einmal aufkochen und abschmecken. Mit Kräutern, Crème fraîche und Entenbrust in einer großen und drei kleinen Schüsseln servieren.

Statt Entenbrustfilet und Entenkeulen können Sie auch einfach 3 Entenbrustfilets verwenden, dann müssen Sie keine Metzgerarbeiten selber übernehmen. Sie könnten aber auch eine ganze Ente kaufen und entweder selber zerlegen oder von einem freundlichen Geflügelhändler zerlegen lassen. Das hat den Vorteil, dass Sie dann die Entenknochen für eine Brühe verwenden können. Also die Knochen anbraten, Zwiebeln und etwas Wurzelgemüse zugeben, eventuell – je nach Vorratslage – mit Thymian, Majoran, Oregano oder ähnlichen Kräutern und Gewürzen wie Pfeffer, getrockneten Steinpilzen oder Piment würzen. Mit einem Schuss Weißwein, Rotwein oder Portwein ablöschen, mit Wasser aufgießen und kochen, bis die Fleischreste an den Knochen weich sind, dann abgießen und abschmecken. Wenn Sie mit Ihrer Entenbrühe den Eintopf aufgießen, schmeckt er noch kräftiger, Sie können die Brühe aber auch einfrieren und später für eine Suppe oder ein Risotto verwenden.

Ein-Gericht-Motto-Party

Karibische Kokossuppe

Zeit: 45 Minuten

Die Küche ist oft das Zentrum einer Party, hier gibt es auf jeden Fall schon einmal eine Suppe für die nacheinander eintreffenden Gäste. Dazu passt Rum, pur oder in einem der klassischen karibischen Drinks wie Mojito, Daiquiri oder 'Ti-Punch (Petit-Punch). Dafür stellen die Bewohner der französischen Karibik ganz lässig Rum, Limettenstücke, Zucker und manchmal Eis auf den Tisch, sodass sich jeder seinen eigenen 'Ti-Punch mischen kann.

3 Bund Frühlingszwiebeln (oder karibische Cives), 1–2 Chilischoten, ½ Bund Thymian, 1 EL Quatre épices (oder Pimentpulver), 1 EL brauner Zucker, 3 EL Kokosöl (Bio-Laden, oder Öl), 4 Limetten, 1 l Gemüsebrühe, 400 ml Kokosmilch, Salz, Sojasauce, 200 g Udonnudeln oder Reisnudeln

Für die Garnitur: 1 reife Avocado, 1 Bund Dill, 1 Bund Koriander, 1 reife Mango

Vorbereitung: Frühlingszwiebeln putzen, dabei Wurzeln und welke Blätter entfernen. Die Zwiebeln in 1–2 cm große Stücke schneiden. 1–2 Chilischoten in Ringe schneiden, Thymianblättchen abstreifen. Alles zusammen mit Quatre épices und Zucker in 2 EL Kokosöl 1 Minute anbraten. 2 Limetten auspressen, 1 EL vom Saft aufbewahren, mit dem Rest die Lauchzwiebeln ablöschen. Mit Gemüsebrühe aufgießen, aufkochen und 10 Minuten kochen lassen. Zum Schluss noch einmal mit der Kokosmilch aufkochen und mit Salz und wenig Sojasauce abschmecken.

Während die Suppe kocht, die Nudeln – die natürlich eher nach Asien als in die Karibik gehören, aber trotzdem sehr gut in der Suppe schmecken – nach Packungsanweisung bissfest kochen, kalt abschrecken und in eine Schüssel geben, zudecken.

Avocado halbieren, die Schale abziehen, den Kern entfernen und das Fruchtfleisch würfeln. Die Kräuter zupfen. Mango schälen, das Fruchtfleisch vom Stein schneiden, quer in Scheiben schneiden und mit einer Gabel zerdrücken. 1 TL Chiliringe, 1 EL Limettensaft und 1 EL Kokosöl zur Mango geben, mit Salz abschmecken. Restliche Chiliringe mit etwas Sojasauce in ein Schälchen geben. Limetten achteln.

Fertigstellung: Die Suppe aufkochen. Einen großen Topf mit Salzwasser für die Reisnudeln ebenfalls zum Kochen bringen, die Reisnudeln etwas befeuchten, damit sie nicht zusammenkleben. Avocado, Dip und Kräuter in Schälchen in der Nähe der Suppe anrichten. Für jeden Gast eine kleine Handvoll Reisnudeln in einem Sieb ins kochende Wasser halten. Die heißen Nudeln über dem Topf kurz abtropfen und in eine Suppenschale gleiten lassen. Mit einem Schöpflöffel voll heißer Suppe begießen. Jeder Gast kann sich seine Suppe mit Avocado und Kräutern bestreuen und mit Dip, Chilis oder Limette würzen.

Eine Erweiterung für die vegetarische Suppe sind Spießchen mit gegrillten Riesengarnelen oder kleine Fleischspießchen, zum Beispiel mit Lammfilet, Hähnchenbrust oder Schweinenacken. In jedem Fall die Spießchen heiß und knusprig grillen und kurz bevor die Spießchen fertig sind, mit Salz, Quatre épices und einer Prise Zucker würzen. Lauwarm oder kalt zur Suppe servieren – die Spießchen werden in der heißen Brühe wieder warm genug.

Quatre épices können Sie kaufen oder ganz leicht selbst herstellen: 4 EL Pfefferkörner mit 2 grob zerbrochenen Zimtstangen und 1 TL Nelken ohne Fett rösten, bis die Gewürze duften. Abkühlen lassen, 1 EL geriebene Muskatnuss zugeben, fein mahlen. Das geht in der Gewürzmühle, einer kleinen elektrischen Kaffeemühle, im Mörser oder in einem hohen Becher mit dem Pürierstab – mit einem Tuch um den Stab zudecken, damit's nicht staubt. Das Gewürz sieben und in einem dunklen Gläschen aufbewahren.

Heiße Panini

Zeit: 30 Minuten

Unzählige Panini-Stände auf Verkehrsinseln oder am Straßenrand sind Fixpunkte im Mailänder Nachtleben. Nach Disco, Stadion oder Abendservice bringen Espresso und ein heißes Brötchen – mit Parmaschinken, Tomaten, Mozzarella und Basilikum – heitere Ruhe in die Nacht. Für Ihre eigene Verkehrsinsel-Party brauchen Sie unbedingt einen Klappgrill, am besten sogar zwei. Die Anschaffung des ersten lohnt sich auch fürs Sonntagsfrühstück im kleinen Rahmen. Für größere Sonntagmittagseinladungen versuche ich den zweiten im Bekanntenkreis zu leihen.

Für 8 Panini: 1 Aubergine, 200 g Gurke, ½ kleiner Romanasalat, 8 flache Brötchen oder 16 Scheiben Sandwichbrot, 100 g Bresaola oder Parmaschinken, 150 g italienischer Weichkäse wie z. B. Taleggio oder Stracchino, 100 g geräucherter Putenschinken, 4 EL Pesto (siehe Tipp), Butter, Salz, Pfeffer, je 1 Topf Basilikum und Salbei, Backpapier

Vorbereitung: Aubergine in 1 cm dicke Scheiben schneiden. In mehreren Portionen im Klappgrill ohne Fett 6–8 Minuten garen. Gurke schälen, ebenfalls in Scheiben schneiden. Romanasalat-Blätter waschen, dicke Stiele abschneiden. Die Blätter trocken schleudern.

Brötchen, Bresaola, Taleggio, Putenschinken und die vorbereiteten Zutaten dekorativ anrichten. Ein großes Schneidebrett dazulegen, auf dem sich jeder selber ein Panino belegen kann. Die beiden Kräutertöpfe entweder in schöne Blumentöpfe pflanzen oder mit Geschenkpapier umwickeln, zu den anderen Zutaten stellen. Eventuell einige Backpapierstücke in der Größe der Grillfläche zuschneiden und später beim Grillen unter die Panini legen – dann bilden sich nie wieder verbrannte Krusten im Grill.

Fertigstellung: Panini belegen und im Klappgrill erhitzen.

Dazu passen italienische Schaumweine, Aperitifs, wie die alkoholfreien Crodino oder Sanbitter, und natürlich alle italienischen Cafè-Spezialitäten.

Für ein frisches Pesto zerstampfen Sie im Mörser eine große Handvoll Basilikum mit einer kräftigen Prise Salz und zwei kleinen Händen voll Pinienkernen und Parmesan. Mit Olivenöl cremig rühren.

Roll dir dein Sushi

Vorbereitung: 2 Stunden (+ Einkauf!)

Temaki-Sushi sind kleine Reisbällchen, die mit verschiedenen Zutaten locker in halbierte oder geviertelte Noriblätter gewickelt werden. Das geht so einfach, dass sich das Rezept als Grundlage für ein kulinarisches Happening anbietet, bei dem jeder Gast aus vorbereiteten Zutaten eigene Sushis kreiert. Ich schlage Ihnen hier einige bewährte Füllungen und Garnituren vor, doch Sie können nach Geschmack frei variieren. Sushi bedeutet lediglich gesäuerter Reis – ob Sie den mit Fisch, Fleisch oder Gemüse kombinieren, bleibt Ihnen überlassen. Laden Sie mindestens 8–10 Personen ein, damit Sie eine schöne Auswahl von vielen verschiedenen Zutaten zusammenstellen können. Die japanischen Zutaten Sushireis, Mirin, Kombu, Nori, Sushi-Ingwer, Shichimi Togarashi (siehe auch S. 57) und Wasabi finden Sie in größeren Supermärkten oder im Asienladen.

Reis für 10 Personen: 400 g Sushireis, 1 Stück Kombu (ca. 6x6 cm, eine japanische Algenart), 6 EL Reisessig, 4 EL Mirin, 1 TL Salz

Vorbereitung: Sushireis und Kombu in einem Sieb waschen. Abtropfen und zusammen mit 600 ml Wasser in einem kleinen schweren Topf mit Deckel zum Kochen bringen. Auf kleinster Flamme zugedeckt 15 Minuten garen, vom Herd nehmen und zugedeckt 5 Minuten ziehen lassen. Reisessig mit Mirin und Salz aufkochen, vom Herd nehmen und in einer großen Schüssel vorsichtig mit dem Reis mischen, den Reis dabei auflockern – am besten geht das mit einer Gabel. Damit der Reis schnell abkühlt, verwendet man in Japan eine spezielle Holzschüssel und wendet den Reis vorsichtig mit einem Holzspatel – eine andere unlackierte Holzschüssel oder eine Steingutschüssel eignet sich genauso. Wenn keine andere zur Hand ist, verwende ich auch eine Edelstahlschüssel. Abgekühlten Reis mit einem feuchten Tuch zudecken.

Füllungen für 10 Personen: 1 Hähnchenbrustfilet (oder 200 g Rinderfilet), 3 EL Öl, 200 g Zanderfilet (oder Lachsforelle, siehe auch Tipp), 1 doppeltes Matjesfilet (oder 1 geräuchertes Forellenfilet), ½ Gurke, 200 g Hokkaidokürbis, 100 g Shiitake-Pilze oder andere Pilze, 1 reife Avocado, 1 Bund Lauchzwiebeln, 100 g Alfalfasprossen (oder Sojasprossen, Alfalfasprossen lassen sich leichter einrollen), 1 Schachtel Shisokresse (oder 1 Bund Shiso)

Vorbereitung: Das Hähnchenbrustfilet mit Salz und Pfeffer oder Shichimi Togarashi würzen und mit 1–2 EL Öl bei mittlerer Hitze von beiden Seiten je 7–8 Minuten braten. Abkühlen lassen und in knapp 5 mm dicke Scheiben schneiden. Die Fischfilets ebenfalls in Scheiben schneiden.

Gurke schälen und entkernen, Kürbis waschen und entkernen. Das Fruchtfleisch in 5 mm dicke Stifte schneiden. Die Stiele der Shiitake-Pilze entfernen, große Pilze vierteln. Shiitake-Pilze und Kürbisstifte bissfest kochen (noch besser: dämpfen), abgießen und abkühlen lassen. Avocado halbieren, die Schale abziehen, das Fruchtfleisch in Scheiben schneiden. Falls mehrere Stunden zwischen Vorbereitung und Essen liegen, die Avocadoscheiben mit Zitronensaft bestreichen. Lauchzwiebeln putzen, dabei Wurzeln und welke Blätter entfernen, die Zwiebeln in Ringe schneiden. Alfalfasprossen auflockern, Shisokresse abschneiden und mit den anderen Zutaten auf kleinen Platten oder Schüsseln anrichten.

Fortsetzung auf S. 116

Garnitur und Dips: 2 Pckg. Nori-Algen-Blätter (20 Blätter), 100 g Rettich, Sojasauce, 3 EL Zitronensaft, Shichimi Togarashi (siehe S. 57), Wasabi, süßsauer eingelegter Ingwer für Sushi, Salzpflaumen (Umeboshi), 3 EL Sesam, 1 TL Salz

Vorbereitung: Noriblätter vierteln. Rettich schälen und fein reiben, leicht ausdrücken. Rettich mit je 3 EL Sojasauce und Zitronensaft verrühren. 1 EL Lauchzwiebelringe zugeben, mit Shichimi Togarashi abschmecken, eventuell zusätzlich mit ein paar Tropfen Sake würzen. Den Dip in ein Schälchen geben. Sojasauce aber auch pur zum Sushi servieren. Wasabipulver nach Packungsanweisung mit etwas Wasser zu einer dicken Paste rühren, Wasabi aus der Tube direkt in ein kleines Dipschälchen drücken. Ingwer etwas abtropfen, ebenfalls in Schälchen anrichten. Salzpflaumen in Stücke schneiden. Sesam mit 1 TL Salz im Mörser zerreiben.

Fertigstellung: Alle vorbereiteten Zutaten anrichten. Neben den Reis eine Schale mit Essigwasser stellen, um die Finger zu befeuchten. Jeder Gast nimmt sich ein Sushibrett oder einen Teller mit einem kleinen Dipschälchen, richtet darauf Ingwer, Wasabi und Sojasauce oder den Dip an und rollt sich dann ein Temaki-Sushi. Dafür mit feuchten Händen eine walnussgroße Reiskugel formen. Ein Noriblatt in die Hand nehmen, die Reiskugel hineinlegen, sanft andrücken. Den Reis mit anderen Zutaten nach Wahl belegen, locker zu einem Zylinder oder einer Tüte rollen, dippen und abbeißen. Da die Sushis mit der Hand gerollt werden, ist Ess-Besteck eigentlich überflüssig, Servierbesteck für die Zutaten können einfache selbst gebastelte Servierzangen aus Einwegstäbchen sein.

Wenn Sie Ihren Gästen rohen Fisch anbieten möchten, bedenken Sie die Grundregel: Je frischer der Fisch, desto besser. Manche Japaner lassen sich deshalb sogar lebende Fische filetieren. Roher Fisch für deutsche Sushi-Restaurants muss aber tiefgefroren sein, um eventuelle Parasiten zu beseitigen – die in heimischen Süßwasserfischen sowieso nicht vorkommen. Industrielle Schockfroster schädigen dabei das Fischfilet sicher weniger als das laukalte Tiefkühlfach in der Haushaltsküche. Doch der Zander oder die Lachsforelle, die morgens noch im See um die Ecke schwammen, sind in unserer Region mit Sicherheit die allererste Wahl für Sushi-Fisch.

»Jeder Mensch
ist ein Sushi-Meister.«

Grillen

Gegrillte Lammkeule

Zeit: 5 Minuten und 30 Minuten Garzeit

Irgendwo in unserem kollektiven Unterbewusstsein ist die Erinnerung an den Genuss gegrillter Mammutschenkel gespeichert. Je größer die Fleischstücke sind, die wir auf den Grill legen, umso besser können wir diese Erinnerung wachrufen. Der Ruhm des steinzeitlichen Mammutjägers geht auf den Lammkeulengriller über. Wichtig ist eine flexible Temperatursteuerung, damit der Braten während der verhältnismäßig langen Garzeit schön braun wird, aber nicht verbrennt. Entfachen Sie dafür reichlich Glut aus Grillbriketts auf einem größeren Grill und schieben Sie dann den größeren Teil der fertigen Glut zur Seite. So können Sie die Lammkeule über sanfter Hitze grillen. Sollte die Hitze später zu schwach werden, schieben Sie einfach noch einige glühende Kohlen unter das Fleisch. Falls Sie einen Grill mit Deckel verwenden, wird die Temperatursteuerung einfacher, denn der Grill wirkt wie ein Backofen. Die Hitze kann insgesamt niedriger sein als über offener Glut, trotzdem wird die Garzeit kürzer, und der Braten muss nur einmal gewendet werden.

Für 8 Personen: ca. 1,4 kg Lammkeule ohne Knochen, 1 EL Olivenöl, Salz, Pfeffer, außerdem: 2–3 lange (35 cm), flache Metallspieße

Vorbereitung: Dickere Fettstücke von der Lammkeule abschneiden. Lammkeule mit der Hautseite nach unten auf ein Brett legen. Mit einem großen Messer von der Mitte her, wo vorher der Knochen war, jeweils einen tiefen, waagrechten Schnitt nach rechts und nach links in die beiden großen gewölbten Muskeln machen, sodass Sie die Lammkeule anschließend aufklappen können wie ein Buch. (Die Methode kommt aus Italien: »tagliare a libro«.) Spieße durch die Keule schieben – die Spieße erleichtern das Umdrehen der Lammkeule auf dem Grill.

Fertigstellung: Lammkeule mit wenig Olivenöl einreiben, mit Salz und Pfeffer würzen und bei geringer bis mittlerer Hitze von beiden Seiten insgesamt ca. 25 Minuten grillen. Immer wieder umdrehen. Prüfen Sie den Garpunkt, indem Sie mit einer Rouladennadel in die dickste Stelle der Lammkeule stechen, 5 Sekunden warten, die Nadel herausziehen und vorsichtig an die Oberlippe halten. Ist die Nadel fast heiß, ist die Lammkeule rosa gebraten, ist die Nadel heiß, ist das Fleisch durchgebraten. Die fertige Keule 10 Minuten ruhen lassen, in Scheiben schneiden und servieren.

Offene Glut und Marinaden vertragen sich nicht. Denn die Marinaden tropfen nur in die Glut und erzeugen Stichflammen und verkohltes Fleisch. Auch die meisten Gewürze, wie Paprika oder Curry, verbrennen viel zu schnell, um Grillfleisch damit zu würzen. (Ausnahmen bestätigen die Regel: Ganz dünne Fleischscheibchen sind gar, schon bevor die Marinade verbrennt. Das ist die Basis von Saté, Yakitori und Co.)

Grillen Sie also wie die Profis in den Grillrestaurants rund ums Mittelmeer: Reiben Sie das Grillgut nur mit wenig Öl ein, sodass Salz und Pfeffer gut haften. Grillen Sie das Fleisch oder den Fisch und servieren Sie Dips, Marinaden und Kräuter zum fertigen Gericht. Siehe folgende Seiten.

Grill-Gemüse, Beilagen und Dips

Zeit: 30 Minuten und 45 Minuten Garzeit

Für unseren hypothetischen Mammutjäger ging es beim Grillen in erster Linie um Fleisch. Möglichst viel Fleisch. In den vergangenen Jahrtausenden hat sich die Kochkunst jedoch deutlich weiterentwickelt. Heute aromatisieren wir auch Gemüse mit feinen Röstaromen auf dem Grill. Alle festen Gemüse mit langen Garzeiten sind ganz einfach zu grillen, wenn Sie die Gemüse dämpfen oder im Ofen vorgaren.

Für 8 Personen: 800 g Süßkartoffeln oder dicke Möhren oder kleine Kartoffeln, 2 Fenchelknollen, 4 kleine junge Zwiebeln, 1 junge Knoblauchknolle, 4 EL Olivenöl, Salz, Pfeffer, 4 EL Joghurt, 12 Salbeiblätter, 2 EL Balsamessig, 1 TL Zitronengelee (o. Ä.), 1 TL Senf, 6 EL Rapsöl, 1 Aubergine, 1–2 Zucchini, 4 längliche Radicchio- oder Chicoréestauden, 8 milde Peperonischoten

Vorbereitung: Backofen auf 180 Grad vorheizen (Umluft 160 Grad). Süßkartoffeln schälen und in fingerdicke Scheiben schneiden. Fenchelknollen so achteln, dass die einzelnen Stücke vom Strunk noch zusammengehalten werden. Zwiebeln mit Schale quer halbieren. Alles zusammen mit der Knoblauchknolle auf ein Blech geben, mit 2 EL Olivenöl mischen und im Ofen 20 Minuten bissfest garen. Das Gemüse, bis auf den Knoblauch, aus dem Ofen nehmen und auf einer Platte arrangieren.

Sobald der Knoblauch nach weiteren 20–30 Minuten weich ist, die Knolle quer halbieren, die Knoblauchzehen aus ihren Schalen drücken und mit einer Gabel zerdrücken. Mit 2 EL Olivenöl und dem Joghurt verrühren, mit Salz und Pfeffer abschmecken.

Für einen zweiten Dip den Salbei hacken, mit Balsamessig, Zitronengelee und Senf verrühren, mit Salz und Pfeffer kräftig würzen. Das Rapsöl zugeben und so lange mit einem Schneebesen rühren, bis die Sauce cremig wird. Falls Sie ein Stück Salzzitrone in Ihrem Vorrat haben – hacken Sie es mit dem Salbei. Auch geröstete Pinienkerne können die Sauce angenehm ergänzen.

Auberginen und Zucchini waschen und in Scheiben schneiden. Radicchio der Länge nach halbieren. Peperoni waschen.

Fertigstellung: Die vorbereiteten Gemüse mit Salz und Pfeffer würzen, hellbraun grillen und mit den Dips servieren.

Noch mehr Dips: Auch Hummus (siehe S. 44), Pinienpesto (siehe S. 166), Kräuterbutter (siehe S. 167) und Süßsaure Chilisauce (siehe S. 164) passen gut zu gegrilltem Gemüse.

Rafiks Kebab

Zeit: 15 Minuten und 30 Minuten Kühlzeit

Seit Jahren experimentiere ich immer wieder gerne mit selbst gemachten Bratwürstchen. Leider braucht man dafür immer einen guten Naturdarmhändler und mindestens ein Wurstfüllhorn, wenn nicht gleich eine ganze Wurstmaschine. Aber vielleicht muss der ganze Umstand ja gar nicht sein. Kebab, Cevapcici oder Köfte sind ja eigentlich nichts anderes als grobe Bratwürste ohne Haut. Die Anregung zu meinem Rezept stammt aus einem Buch des Dichters Rafik Schami: »Damaskus – Der Geschmack einer Stadt«. Ein Kochbuch, in dem ich gerne lese, auch wenn ich normalerweise lieber Schamis Stimme lausche, wenn er seine märchenhaften Damaszener Geschichten erzählt.

700 g fettes Schweinehackfleisch (z. B. aus 500 g Schweineschulter und 200 g fettem Schweinebauch, beides vom Metzger durch den Wolf drehen lassen! Schami verwendet Lamm), 1 Bund Petersilie, 4 Knoblauchzehen, 2 TL Salz, 1 TL Pfeffer, 1 TL Rosenpaprika, ½ TL Zimt, ½ TL Muskat, 2 EL Pinienkerne, 1 Eigelb, Öl für den Grill

Vorbereitung: Petersilie waschen, zupfen und grob hacken. Knoblauchzehen schälen, grob zerkleinern. Die Zutaten mit dem Hackfleisch in einer Schüssel mit Salz, Pfeffer, Rosenpaprika, Zimt und Muskat vermengen. 20 Minuten ins Gefrierfach stellen. 2 EL Pinienkerne ohne Fett rösten, bis sie duften, und mit 1 Eigelb zum Hackfleisch geben. Mit dem Knethaken einer Küchenmaschine 10 Minuten kneten, bis die Masse bindet. Die Masse entweder zu golfballgroßen Kugeln formen, jeweils auf dicke Schaschlikspieße stecken und mit feuchten Händen zu fingerdicken Würstchen rollen. Oder mit einem Spritzbeutel mit sehr großer Tülle als Strang auf eine Arbeitsfläche spritzen und in 10 cm lange Würste schneiden.

Fertigstelllung: Kebabs auf einem leicht geölten Grill 6–8 Minuten goldbraun garen oder mit wenig Öl in einer Pfanne braten.

Dazu gibt es einen Dip aus einem Becher Joghurt mit einer ½ gehackten Chili, etwas Kreuzkümmel und Salz und den Blättchen von 1 Bund Koriander. Oder ein erfrischendes Joghurtgetränk aus je einem Teil Joghurt und kaltem Wasser, einer Prise Salz und etwas Kreuzkümmel – einfach gründlich mixen, abschmecken und servieren. Wenn gerade ein Stück geschälte Gurke im Kühlschank liegt, dann mixen Sie es mit in den Drink. Ein paar Blättchen Koriander können auch im Drink nicht schaden. Oder Minze.

Zeitgeschenke

Lange Garzeit – wenig Arbeit

In den ersten Kapiteln dieses Buches ging es darum, wie Sie kleinere und größere Herausforderungen in der Küche besonders schnell meistern können. Mit einem guten Repertoire, mit guter Organisation, manchmal auch mithilfe der Industrie. Auf den folgenden Seiten finden Sie nun aber Rezepte, deren Zubereitung lange dauert. Sogar sehr lange. Was das soll? Ganz einfach, die Garzeiten sind zwar lang, aber die damit verbundene Arbeitszeit bleibt trotzdem kurz.

Der französische Soziologe Jean-Claude Kaufmann hat bei Interviews für sein Buch »Kochende Leidenschaft« einen Dialog notiert, der das Prinzip lange Garzeit in wenigen Worten beschreibt: *»Mhm! Das ist irre gut! Wie hast du das nur gemacht? Wie hast du die Zeit dafür gefunden?« Und ich sage zu ihnen: »Das muss lange vor sich hin köcheln, das ist alles.« »Ja warte, solche Sachen machte doch nur Großmutter.«*

Jaja, die gute alte Zeit – vielen Menschen sind die Techniken von scheinbar langwierigen Zubereitungen wie Schmorbraten oder Eintöpfen nicht mehr vertraut. Schmorgerichte zierten zwar noch vor wenigen Jahrzehnten die Sonntagstafel europäischer Durchschnittsfamilien. Doch mit der Sonntagstafel ging auch Bratenkompetenz verloren. Heute schmoren vor allem Spitzenköche für ihre Lieblingsgäste. Dabei ist es eigentlich ganz einfach: anbraten, Gemüse dazu und ab in den Ofen. Immer wieder mit einer aromatischen Flüssigkeit begießen. Am besten mit einer Flüssigkeit, die Sie auch gerne trinken, während Sie warten, bis der Braten ganz von selber fertig wird.

Obwohl lecker, hatten Eintopfgerichte nie den gehobenen Status von Sonntagsbraten. Zusätzlich scheinen uns viele von ihnen nicht nur langwierig, sondern äußerst kompliziert. So dass Klassiker wie Leipziger Allerlei oder Pichelsteiner ein betrübliches Dasein als Dosengerichte fristen. Wer will schon Flusskrebsnasen füllen (Leipziger Allerlei) oder dreierlei Fleischsorten und Rindermark für ein einziges Rezept einkaufen und verarbeiten (Pichelsteiner)? Der Irrtum liegt hier in der Genauigkeit niedergeschriebener Rezepte, die sich beim Kochen oft als überflüssig, wenn nicht hinderlich erweist: Für einen Eintopf kommt ganz einfach allerlei in einen Topf. Bei der Leipziger Version geht es dabei um Frühlingsgemüse in einer gebundenen Sauce. Mehr nicht. Passen Sie solche Rezepte ihren Vorräten an, es spart viel Zeit.

Bohnensuppe

Zeit: 10 Minuten, 3–4 Stunden Garzeit und 12 Stunden zum Einweichen

Das perfekte Essen nach der Feldarbeit – oder einem langen Spaziergang: morgens aufkochen, ganz klein stellen. Mittags ausgehungert nach Hause kommen, abschmecken, essen. Wenn die Suppe eine Stunde länger gart, spielt das auch keine Rolle, nur die Flüssigkeit könnte irgendwann knapp werden.

250 g getrocknete Bohnen, 1,25 l Wasser oder Brühe, 400 g roh geräuchertes Schweinefleisch (z. B. Rippchen oder Kassler), 3 Lorbeerblätter, 1 Bund Lauchzwiebeln, 3 EL Sonnenblumenöl, ½ Bund Bohnenkraut, 2 Bund Petersilie, Salz, Pfeffer

Bohnen mindestens 12 Stunden in kaltem Wasser einweichen.

Die Bohnen abgießen, mit Wasser oder Brühe und dem Fleisch aufkochen. Den aufsteigenden Schaum abschöpfen. Lorbeerblätter zugeben und 3–4 Stunden lang sehr schwach kochen lassen. Falls Sie eine Möhre, ein Stück Fenchel, Petersilienwurzel oder etwas Knollensellerie in Ihrem Gemüsefach finden, schneiden Sie das Gemüse klein und geben Sie es mit in die Suppe.

Ungefähr ein Drittel der Bohnen mit einem Sieblöffel aus der Suppe nehmen. Das Fleisch ebenfalls aus der Suppe nehmen und in Scheiben oder Würfel schneiden. Die Suppe mit den restlichen Bohnen fein pürieren. Bohnenkraut und Petersilie zupfen, die Blättchen hacken und zusammen mit den Fleischstücken und ganzen Bohnenkernen in die Bohnensuppe mischen, abschmecken. Lauchzwiebeln putzen, dabei Wurzeln und welke Blätter entfernen. Die Zwiebeln in Ringe schneiden, über die fertige Suppe streuen.

Ochsenschwanz-Essenz

Zeit: 40 Minuten, 5 Stunden Garzeit und ca. 12 Stunden Kühlzeit

Wacholder ist so typisch für viele Wildgerichte, dass wir uns Wildgeschmack ohne Wacholder kaum vorstellen können. Ganz ähnlich gibt Schildkrötengewürz Gerichten mit Ochsenschwanz ihren typischen Duft. Einen Duft nach französischer Luxus-Küche. Ursprünglich wurde das Gewürz natürlich für Schildkröten verwendet. Im Kochkunstführer von Escoffier, sozusagen dem Alten Testament der klassischen Küche, finden sich immer noch mehrere Zubereitungsvorschläge für Schildkröten! Wo Sie das Gewürz finden und wie Sie es selber herstellen können, steht auf den folgenden Seiten.

1,2 kg Ochsenschwanzstücke, 1 EL Olivenöl, 2 Zwiebeln, 2 Möhren, ca. 100 g Sellerie, 1 TL Tomatenmark, ½ Flasche wuchtiger Rotwein (z. B. Rioja), 2 Knoblauchzehen, 1 TL Pfefferkörner, 4 Thymianzweige, Salz, ca. 100 g Lauch, 2 Tomaten, 250 g Rinderhackfleisch, 2 Eiweiß, 1 EL Schildkrötengewürz

Ochsenschwanz in Olivenöl von allen Seiten hellbraun anbraten, insgesamt ca. 12 Minuten. Währenddessen Zwiebeln, Möhren und Sellerie schälen und würfeln. Mit dem Ochsenschwanz noch einige Minuten braten. Tomatenmark zugeben, umrühren, mit Rotwein ablöschen, einkochen. Mit Wasser bedecken und aufkochen, den aufsteigenden Schaum abschöpfen. Knoblauchzehen und Pfefferkörner mit einem Topfboden oder der Breitseite eines schweren Messers quetschen, zusammen mit dem Thymian in die Brühe geben, leicht salzen. Bei schwacher Hitze ungefähr 3 Stunden kochen, bis das Fleisch weich ist. Die Brühe vorsichtig durch ein Sieb oder ein Passiertuch gießen. Vollständig abkühlen, am besten einige Stunden in den Kühlschrank stellen, sodass das Fett an der Oberfläche der Brühe erstarrt. Die Fettstücke abheben und wegwerfen.

Um die Brühe zu klären und in eine Kraftbrühe zu verwandeln, den Lauch längs halbieren, waschen und möglichst fein schneiden. Tomaten halbieren und in einer Schüssel zerquetschen, mit Lauch, Hackfleisch, Eiweiß und Schildkrötengewürz verkneten. Die Fleischmasse in einem Topf mit der Brühe mischen. Unter sehr vorsichtigem Rühren langsam aufkochen. Sobald die Brühe fast kocht, aufhören zu rühren, einmal kräftig aufwallen lassen und dann bei sehr schwacher Hitze 1 Stunde simmern lassen. Die Brühe abschmecken, eventuell noch etwas Schildkrötengewürz zugeben, vorsichtig durch ein feuchtes Passiertuch gießen.

Das Ochsenschwanzfleisch von den Knochen lösen. Den größten Teil davon einfrieren oder gleich für ein Ragout verwenden (siehe folgende Seiten), einen kleinen Teil für die Garnitur würfeln. Ochsenschwanz-Essenz in kleinen Tassen kochend heiß mit einigen Fleischwürfeln servieren.

Ochsenschwanz-Ragout

Zeit: 20 Minuten und 3 x 20 Minuten Garzeit

500 g Zwiebeln, 500 g Mangold, Salz, 3 EL Olivenöl, 500 g gekochtes Ochsenschwanzfleisch (siehe vorhergehende Doppelseite), 1 TL Mehl, 1 EL Schildkrötengewürz, 1 EL Quittengelee, 300 ml trockener Wermut, ½ Zitrone

Zwiebeln schälen, halbieren und dünn schneiden. Mangold waschen, die Stiele ebenfalls dünn schneiden und mit Zwiebeln und 2 EL Olivenöl bei mittlerer Hitze 15 Minuten zugedeckt schmoren. Gleich zu Beginn salzen, häufig umrühren.

Sobald die Zwiebeln goldbraun und weich sind, Ochsenschwanzfleisch mit Mehl, Schildkrötengewürz und Quittengelee zugeben, umrühren und mit Wermut ablöschen. Langsam ca. 20 Minuten einkochen lassen. 200 ml Wasser zugeben, ein letztes Mal 20 Minuten schmurgeln lassen.

Mangoldblätter in Streifen schneiden und mit 1 EL Olivenöl, Salz und Pfeffer unterrühren, zusammenfallen lassen. Einen Schuss Wasser zugeben, 2 Minuten garen.

Das Ochsenschwanz-Ragout mit wenig Zitronensaft abschmecken und mit Mangold servieren. Dazu passen Beilagen, die die schöne Sauce gut aufnehmen, also zum Beispiel Salzkartoffeln, Püree oder Kürbis-Topfen-Serviettenknödel (siehe S. 104).

Schildkrötengewürz finden Sie entweder im großbürgerlich-traditionell orientierten Feinkosthandel oder im Netz, zum Beispiel bei Bosfood.de. Sie können es aber auch selber mischen und für Kartoffelzubereitungen, Schmorgerichte und zum Abschmecken von braunen Saucen verwenden. Dafür je 1 TL Kümmel, Fenchel, Senfkörner und Koriandersamen mit je 1 EL weißem und schwarzem Pfeffer, 8 Gewürznelken, 4 Stück Muskatblüte und 3 getrockneten Lorbeerblättern in einer Pfanne 1 Minute trocken rösten. Kurz abkühlen, anschließend fein mahlen. Das geht in einer Gewürzmühle, im Mörser oder in einem hohen schlanken Becher mit dem Pürierstab – mit einem Tuch um den Stab herum zudecken, damit es nicht staubt. Das Pulver mit je 1 TL gerebeltem Majoran, Oregano, Salbei, Basilikum und Thymian und 2 EL Ingwerpulver mischen. Dunkel lagern.

3

Geschmorter Pulpo

Zeit: 20 Minuten und 120 Minuten Garzeit

1 Fenchelknolle, 4 Knoblauchzehen, ½ Bund Thymian, 4 EL Rapsöl, 1 küchenfertiger Pulpo (ca. 600 g, heißt auch Oktopus), 200 ml Weißwein, Salz, Pfeffer, 1 EL Piment (oder Quatre épices, siehe S. 111), 4 cm Ingwerwurzel, 200 ml Kokosmilch, 1 Bund Thaibasilikum oder Koriander, 2 EL Fischsauce

Fenchelknolle putzen, halbieren und groß würfeln, dabei die Abschnitte aufbewahren. 4 Knoblauchzehen schälen, mit Fenchelabschnitten, Thymianzweigen und 2 EL Öl in einem flachen, schweren Topf andünsten. 1 küchenfertigen Pulpo (ca. 600 g), Weißwein und 1 l Wasser dazugeben, mit Salz und Pfeffer würzen und zugedeckt bei milder Hitze ca. 90 Minuten sehr schwach (!) sieden lassen. Wenn Sie mit einer Gabel hineinstechen, muss das Fleisch weich sein – die Garzeiten können variieren. Den Pulpo aus dem Topf nehmen, kurz abkühlen lassen, anschließend zerteilen und dabei Schnabel und Augen entfernen.

Fenchelwürfel im restlichen Öl mit einem Schöpfer (100 ml) vom Pulpofond 30 Minuten dünsten. Piment mörsern oder quetschen, den Fenchel damit würzen, salzen. Ingwerwurzel schälen und hacken, mit dem Pulpo zum Fenchel geben. Mit Kokosmilch aufgießen, aufkochen lassen. Thaibasilikum zupfen, unter das Pulpo-Ragout rühren, mit Fischsauce abschmecken. Mit Reis servieren.

Slow Pork

Zeit: 30 Minuten und 3 Stunden Garzeit

1,2 kg Schweinehals, Salz, Pfeffer, 400 g Zwiebeln, 2 Auberginen, 1 EL brauner Zucker, 500 ml (dunkles) Bier, ½ Bio-Zitrone, 1–2 Knoblauchzehen, 1 Bund Petersilie

Backofen auf 160 Grad vorheizen (Umluft 140 Grad). Den Braten würzen, in einem schweren Schmortopf von allen Seiten anbraten. Zwiebeln schälen, halbieren und würfeln. Auberginen ebenfalls würfeln, mit dem Braten schmurgeln, bis die Zwiebeln fast weich und hellbraun sind. 1 EL braunen Zucker zugeben, karamellisieren und mit der Hälfte des Bieres mehrfach ablöschen. Immer wieder vollständig einkochen. Restliches Bier angießen, den Braten im Ofen zugedeckt 3 Stunden butterweich garen. Falls nötig, zwischendurch noch etwas heißes Wasser nachgießen.

Eine »Gremolata« vorbereiten: Zitrone waschen und abtrocknen, die Schale fein abreiben. Knoblauchzehen schälen und fein hacken, die Petersilie zupfen, die Blättchen ebenfalls fein hacken. Die drei Zutaten mischen. Den Braten auf eine Platte legen, mit Gremolata bestreuen. Die Auberginen-Sauce abschmecken und zum Schweinebraten servieren.

Gremolata ist eine italienische Gewürzmischung mit der Schale von Zitrusfrüchten, Petersilie und Knoblauch als Basis und Sardellen, Fenchelsamen oder zusätzlichen Kräutern als Ergänzungen des Grundrezepts. Besonders typisch ist die Gremolata für Osso buco, geschmorte Kalbsbeinscheiben.

Kalbsrücken mit Knusper-Kapern

Zeit: 30 Minuten und 90 Minuten Garzeit

Vor gut zwanzig Jahren kamen 70-Grad-Öfen in guten Restaurants in Mode. Damit konnten auch unerfahrene Köche zuverlässig perfekt gegarte Fleischstücke zubereiten. Das Fleisch für jede neu eintreffende Bestellung wurde sofort sehr blutig gebraten, dann kam es in den 70-Grad-Ofen. So war es dann eine oder zwei Stunden später, wenn der Gast beim Hauptgang seines Menüs angekommen war, durch und durch saftig und rosa gegart. Zum Servieren wurde das Fleisch mit etwas frischer Butter noch einmal ganz kurz angebraten, um die Oberfläche aufzufrischen. Ich war damals noch ein sehr unerfahrener Chef-Saucier. Einmal vergaß ich einen gefüllten Milchlammrücken im 70-Grad-Ofen, von dem es jeweils eine Scheibe als Menühauptgang gegeben hatte. Am nächsten Abend, nach 24 Stunden im Ofen, war der Braten völlig vertrocknet – aber selbst der Anschnitt war rosa geblieben. Seitdem bin ich etwas skeptisch, wenn es um Niedrigtemperaturöfen geht. Heute verwendet man in Restaurants den sogenannten »Hold-o-mat«, die Herstellerfirma schreibt dazu auf ihrer Website: »Der Hold-o-mat ist Weltmarkt-Leader … Moderne Kochsysteme wie Garen über Nacht, qualitätsverbesserndes Warmhalten, Cook & Hold oder freeze 'n' go werden perfekt realisierbar.« Na dann. Wie immer kommt es darauf an, was man daraus macht. Messen Sie die Temperaturgenauigkeit Ihres eigenen Ofens und probieren Sie den Kalbsrücken.

800 g Kalbsrückenfilet ohne Haut und Sehnen, Salz, Pfeffer, 2–3 Rosmarinzweige, 4 Knoblauchzehen, 200 g mehlige Kartoffeln, 400 g Erbsen, Muskat, 100 ml Olivenöl, 3 EL Kapern, 1 EL Butter, ½ Zitrone

Backofen auf 120 Grad Umluft vorheizen. Den Kalbsrücken mit Salz und Pfeffer würzen, mit 1 EL Olivenöl bei mittlerer Hitze 12 Minuten von beiden Seiten goldbraun braten, in den Ofen schieben. Rosmarin zupfen, die Knoblauchzehen quetschen, beides zum Braten geben. Nach 12 Minuten die Hitze auf 70 Grad Umluft reduzieren und 1 Stunde gar ziehen lassen.

Währenddessen die Kartoffeln schälen und mit 200 ml Milch zugedeckt 10 Minuten dünsten. Mit Salz und Muskat würzen. Erbsen zugeben, weitergaren, bis die Kartoffeln weich sind. Kapern abtropfen und mit Küchenpapier trocken tupfen. Im restlichen Olivenöl bei mittlerer Hitze 1 Minute knusprig frittieren. Die Kapern abgießen. Dabei das Kapernöl auffangen, zu den Erbsen geben, mit einer Gabel oder einem Pürierstab grob pürieren.

Kalbsrücken aus dem Ofen nehmen und mit 1 EL Butter kurz braten. Den ausgetretenen Bratensaft aufkochen, mit etwas Zitronensaft abschmecken. Kalbsrücken so dünn wie möglich schneiden, mit Erbsenpüree, Kapern und Sauce servieren.

Marinierte Saiblingsfilets

Zeit: 20 Minuten und 15 Stunden Kühl- und Ruhezeiten

Saibling können Sie marinieren wie Graved Lachs – oder auch wie Brathering. Für traditionellen Brathering wird der Fisch mit Mehl bestäubt, gebraten und dann eingelegt. Mit der Erfindung der Teflonpfanne wurde das Mehl allerdings überflüssig, weil man Fische nicht mehr mit Mehl bestäuben muss, um zu verhindern, dass sie in der Pfanne kleben. Marinierte Fischfilets schmecken ohne Mehl auf jeden Fall viel besser.

1 Zwiebel, 2 Petersilienwurzeln, ½ Vanilleschote, Salz, Pfeffer, 100 ml Weißweinessig, 400 g Saiblingsfilets ohne Haut und Gräten, 4 EL Olivenöl, 1 Bund Petersilie, Weißbrot

Zwiebel und Petersilienwurzeln schälen und in Scheiben schneiden, mit 250 ml Wasser aufkochen. Die halbe Vanilleschote längs halbieren, das Mark mit einem Messerrücken herauskratzen und mit der Schote ins Wasser geben. Mit 1 TL Salz und ½ TL grob gemahlenem Pfeffer würzen, 5 Minuten kochen. Den Essig zugeben, noch einmal aufkochen, vom Herd nehmen, abkühlen lassen.

Saiblingsfilets würzen und mit 1 EL Olivenöl in einer beschichteten Pfanne bei größter Hitze von beiden Seiten je 30 Sekunden braten. Die Fischfilets in eine flache Form legen, mit der Marinade begießen. Mindestens 12 Stunden, höchstens eine Woche im Kühlschrank ziehen lassen.

Zum Servieren die Filets mit Gemüse aus der Marinade heben und auf Teller verteilen, mit Olivenöl beträufeln. Petersilie waschen, trocken schütteln und zupfen. Saibling mit Petersilie bestreuen und mit Weißbrot servieren.

Die Zeit steht still

Schneiden, kneten und meditieren

Drei Schritte geradeaus, dann mit der linken Hand einen Stieltopf greifen, auf den Mittelsteg der Doppelspüle ziehen. Füllen. Den Topf in die rechte Hand nehmen und mit einer halben Körperdrehung nach rechts hinten auf den Herd stellen. Anschalten. Mit der rechten Hand den Kühlschrank öffnen, mit der linken den Eierkarton herausnehmen, in die Hocke gehen, mit der rechten Hand links ein Schneidebrett greifen … und so weiter. Gelingt diese bewegte Küchenmeditation, das Tai-Chi des weichen Eis, dann ist das Frühstück nach einer einzigen fließenden Bewegungsfolge fertig, wenn der Wecker für das Frühstücksei piept.

In der meditativen Verschmelzung mit dem Jetzt liegt eine Möglichkeit, Zeit beim Kochen ganz anders als gewohnt zu erleben. Und wenn der Moment zum Erlebnis wird, hat es keinen Sinn mehr, Zeit zu sparen! Die Uhr absoluter Zeitmessung tickt natürlich weiter, doch die empfundene Zeit scheint sich plötzlich zu dehnen.

Ob Küchenmeditationen darüber hinaus ein besonders schneller Weg zur Erleuchtung sind, weiß ich nicht. Die Regisseurin Doris Dörrie hat immerhin einem kochenden Zen-Priester aus Kalifornien einen ganzen Film gewidmet: »How to cook your life«. Ed Brown, der Priester, führt darin seine Schüler anhand von Kochkursen in den Zen-Buddhismus ein. Auch ich finde es leichter, mich auf das Schneiden einer Karotte zu konzentrieren, als im Lotossitz aufmerksam nicht zu denken. Beide Übungen dienen dem gleichen Ziel, sie sollen Gedankenmüll beseitigen. Tatsächlich gibt es mehrere Mechanismen beim Kochen, die unsere Wahrnehmung verdichten, wie in »seriöser« Meditation. Das kann sehr befriedigend sein, zum Beispiel in der Küche eines gut besuchten Restaurants. Dort herrscht ein extremer Druck. Die völlige Versenkung in ein improvisiertes Ballett um den Herd ist die einzige Möglichkeit, die Arbeit zu bewältigen. Der geübte Profi hört den Wecker, kurz bevor er piept. Im Laufe des Abends hört er sogar ein ganzes Konzert, obwohl er wahrscheinlich nie einen realen Wecker gestellt hatte. Das Glücksgefühl der Meditation, vielleicht auch nur die Ausschüttung körpereigener Opiate, ist hier ein Nebeneffekt. Ein Nebeneffekt, dem Köche verfallen, sobald sie genügend Fertigkeiten und Selbstbewusstsein entwickelt haben, um die Welle zu reiten, ohne von ihr verschlungen zu werden.

Neben Übungen, die modernem Tanz oder asiatischer Kampfkunst gleichen, fördern auch rhythmisch wiederholte Bewegungen die Versenkung im Moment. Hefeteig ist ein geknetetes Mantra.

DIE ZEIT STEHT STILL

0
50
40

Thai-Schreinersalat

Zeit: 20 Minuten

Thailändische Streetfood-Köche haben nicht immer ein Schneidebrett zur Verfügung. Trotzdem zeichnet sich ihre Küche durch kunstvolle Schnitttechniken aus. Die einfachste davon eignet sich für längliche Gemüsesorten. Sie ähnelt der Art und Weise, mit der Schreiner ihre Bleistifte spitzen: den Bleistift – oder die Gurke – mit einer Hand halten, sodass die Spitze vom Körper weg zeigt. Mit einem größeren scharfen Messer vom Körper weg einen Span von der Bleistiftspitze abschneiden. Den Bleistift um etwa eine sechstel Drehung drehen. Den nächsten Span abschneiden. Immer weiter drehen und schneiden, bis der Bleistift spitz oder die Gurke aufgebraucht ist. Die Gurkenstücke sehen nicht nur gleichzeitig regelmäßig und doch unterschiedlich aus, sondern sie schmecken auch anders als gewöhnliche Gurkenscheiben. Ein Phänomen, das wir aus der italienischen Küche kennen, die einen immergleichen Teig zu ganz unterschiedlichen Nudeln formt, die auch alle unterschiedlich schmecken.

250 g Rinderrückensteak (Alternative: 250 g gebratenes Roastbeef in Scheiben), Salz, Pfeffer, 3 EL Öl, 4 EL Sojasauce oder Fischsauce, ½ Knoblauchzehe, 1–2 kleine scharfe Chilis, 1 EL Zucker, ½ TL Salz, 2 EL Limettensaft, 1 Gurke, 1 Bund Eiszapfenrettiche oder 1 kleiner Rettich, 1 Bund Koriander oder Petersilie

Rinderrückensteak mit Salz und Pfeffer würzen und mit 1 EL Öl von jeder Seite 2–3 Minuten braten – das ist noch ziemlich roh, für ein fast durchgegartes Steak können Sie die Garzeit auf 5–6 Minuten pro Seite verlängern. Mit 2 EL Sojasauce ablöschen. Das Fleisch in der Sojasauce wenden, aus der Pfanne nehmen und auf einem Teller ruhen lassen.

Bereiten Sie inzwischen die Sauce vor: Chilis waschen, die Schoten klein schneiden. Chilis zusammen mit 1 EL Zucker und ½ TL Salz im Mörser zerstoßen, in einer großen Schüssel mit 2 EL Limettensaft, der restlichen Sojasauce und dem restlichen Öl verrühren.

Gurke und Rettiche schälen und mit der Bleistift-Spitzer-Methode (siehe oben) in Stücke schneiden.

Koriander waschen, trocken schütteln und zupfen, anschließend grob hacken. Das abgekühlte Steak schräg in dünne Streifen schneiden und mit Gurke, Rettich und Kräutern in eine Schüssel geben. Leicht salzen und pfeffern und mit der Sauce mischen.

Schreiner-Möhren

Zeit: 15 Minuten

500 g Möhren, 1 EL Butter, 1 TL Puderzucker, Salz, Pfeffer, 1 TL Balsamessig, 1 Bund Kerbel

Möhren schälen und nach der oben beschriebenen Methode in Stücke schneiden. Mit Butter, Puderzucker und je einer kräftigen Prise Salz und Pfeffer zugedeckt bei schwacher Hitze 10 Minuten dünsten. Falls Sie das Gefühl haben, der Herd wäre zu heiß, der Topf zu dünn oder es gäbe sonst ein Hindernis für langsames, gleichmäßiges Dünsten, ohne dass das Gemüse zu braten beginnt – dann geben Sie ein oder zwei Löffel Wasser dazu.

Kerbel waschen, trocken schütteln und zupfen. Das Gemüse mit Balsamessig abschmecken und dabei glasieren. Anrichten und mit Kerbel garnieren.

Streifen schneiden

Warmer Rotkrautsalat

Zeit: Novizen 30 Minuten, Geübte 15 Minuten

Den Wellenschnitt habe ich als wichtigste Grundübung jeder Küchenmeditation in »Kochen (fast) ohne Rezept« schon beschrieben:

»Was dem Yogi seine Atemwelle, das ist dem Koch der Wellenschnitt – unverzichtbares Element täglicher Konzentrationsübungen. Damit Sie sich dabei wirklich auf das Wesentliche konzentrieren können, brauchen Sie ein großes, breites und vor allem scharfes Messer. Beim Wellenschnitt bleibt die Spitze des Messers immer auf dem Arbeitsbrett, während Sie den Griff des Messers auf und ab bewegen und gleichzeitig das Messer weit vor und zurück schieben. Ob Sie ziehend oder schiebend schneiden, ist Gewohnheitssache – ich bin ein »Schieber«. Am besten funktioniert es, wenn Sie das Messer an den Knöcheln Ihrer gekrümmten Finger führen.«

Hier zwei neue Asanas: Rotkrautsalat und Kohlrabi-Lamm.

1 kleiner Rotkohl (ca. 800 g), 1 Bund Lauchzwiebeln, 1 Apfel, 4 EL Gänse- oder Entenschmalz, 1 TL Pimentpulver oder Quatre èpices (siehe S. 111), Salz, 4 EL Balsamessig

Rotkohl vierteln, den Strunk entfernen. Mit dem Wellenschnitt in feine Streifen schneiden. Dabei nicht zu viele Blätter auf einmal schneiden, damit Sie das Messer am Anfang eines Schiebeschnitts nicht unbequem hochheben müssen.

Lauchzwiebeln putzen, dabei Wurzeln und welke Blätter entfernen. Jeweils zwei oder drei Zwiebeln mit dem Wellenschnitt in Ringe schneiden. Den Apfel vierteln, das Kernhaus entfernen, die Stücke in Scheiben schneiden. Die Apfelstücke können Sie auch mit dem Wellenschnitt schneiden, aber nur mit einem sehr langen Messer, für kleine Messer sind die Stücke zu hoch.

Einige knallgrüne Lauchzwiebelringe für die Garnitur aufbewahren, den Rest mit Äpfeln und Kraut im Entenschmalz 5 Minuten zugedeckt knackig dünsten, mit Piment und Salz würzen. Das Kraut mit Balsamessig löschen, abschmecken und neben dem Herd noch ein paar Minuten ziehen lassen.

Warm servieren, mit Lauchzwiebeln bestreuen.

Kohlrabi-Lamm

Zeit: 20 Minuten

2 Kohlrabi, 200 g (Wald-)Pilze, 1 EL Butter, 100 g Sahne, 400 g Lammschulter ohne Knochen, 2 EL Olivenöl, 2 Rosmarinzweige, Salz, Pfeffer

Kohlrabi schälen, in dünne Scheiben schneiden und anschließend mit dem Wellenschnitt in Streifen schneiden.

Die Pilze putzen, nur wenn unbedingt nötig, waschen. Große Pilze vierteln, halbieren oder in dicke Scheiben schneiden. Kohlrabi und Pilze mit Butter, Salz und Pfeffer zugedeckt 5 Minuten dünsten. Sahne zugeben und 5 Minuten fertig garen.

Lammschulter in daumendicke Streifen schneiden, mit den Rosmarinzweigen bei großer Hitze im Olivenöl insgesamt 5 Minuten knusprig braun braten. Die Rosmarinzweige aus der Pfanne nehmen, sobald sie drohen zu verbrennen. Mit Salz und Pfeffer würzen und mit Kohlrabigemüse anrichten.

Hähnchenbrustfilet mit Tomatenbutter

Zeit: 30 Minuten

Wie Pixel auf dem Bildschirm oder Körner in der Sanduhr häufen sich Tomatenwürfel auf dem Schneidebrett: Immer wenn ich große Mengen gleichmäßiger Tomatenwürfel schneide, falle ich in Trance. Anderen Köchen geht es genauso. Gleichmäßige Schneidebewegungen unterstützen den optischen Reiz, sodass diese Übung sehr schnell dazu führen kann, dass Vergangenheit und Zukunft aus Ihrem Bewusstsein verschwinden und sich die unmittelbar empfundene Gegenwart unendlich dehnt. Zumindest bis die letzte Tomate zerschnitten ist. Statt Tomaten können Sie natürlich auch andere Gemüsesorten würfeln. Grundlegende Schneidebewegung bleibt der Wellenschnitt (siehe vorhergehende Seiten).

500 g reife (Flaschen-)Tomaten,
500 g Hähnchenbrustfilet, Salz, Pfeffer,
1 EL Olivenöl, 3 Knoblauchzehen,
2–3 EL Butter, 1 Bund Basilikum

Einen Topf mit Wasser aufkochen. Tomaten auf der den Stielansätzen gegenüberliegenden Seite kreuzweise einritzen. Im kochenden Wasser ca. 20 Sekunden überbrühen, sodass sich die Haut leicht löst. Tomaten in kaltem Wasser abschrecken, die Haut abziehen. Die Früchte vierteln, Kerne und Stielansätze entfernen, das Fruchtfleisch zuerst in Streifen, anschließend in regelmäßige kleine Würfel schneiden.

Hähnchenbrustfilets mit Salz und Pfeffer würzen, die Knoblauchzehen mit Schalen leicht quetschen. Im Olivenöl bei mittlerer Hitze von beiden Seiten insgesamt ca. 12 Minuten braten.

Tomatenwürfel zugeben, nur kurz schmelzen lassen. Basilikumblättchen grob zerzupfen und mit der Butter, in kleinen Flöckchen, unterschwenken. Abschmecken und anrichten. Dazu passt zum Beispiel Reis.

Der Südtiroler Spitzenkoch Herbert Hintner trocknet Tomatenhäute im Ofen und pulverisiert die getrockneten Tomatenhäute später im Blitzhacker. Dieses Tomatenpulver ist aromatischer als die ursprüngliche Tomate. Es eignet sich sehr gut als Geschmacksverstärker für Tomatengerichte.

Zucchini-Zitronensalsa

Zeit: 10 Minuten

Die Salsa passt gut zur gebratenen Hähnchenbrust, wenn Sie einmal keine Tomaten schneiden möchten. Aber auch zu Grillgerichten oder – ganz einfach – zu gekochtem Reis.

250 g Zucchini, ½ Bund Petersilie, 1 Zitrone,
1 EL Zitronenmarmelade oder -gelee,
1 TL scharfer Senf, 1 EL Kapern, Salz, Pfeffer,
Muskat, 5 EL Olivenöl

Zucchini der Länge nach in 4–5 mm dicke Scheiben schneiden. Zucchinischeiben in Streifen und dann in kleine Würfel schneiden. Petersilie waschen, schleudern, zupfen und hacken. Die Zitrone mit einem scharfen Messer so schälen, dass Sie dabei auch die weiße innere Haut der Zitrone abschneiden. Die Frucht in Scheiben schneiden, dabei alle Kerne entfernen. Zitronenmarmelade, Senf, Kapern und Petersilie verrühren. Zucchini und Zitrone zugeben, mit Salz, Pfeffer und Muskat würzen. Olivenöl unterrühren und abschmecken.

Rollen-Brot

Zeit: 20 Minuten, 15 Minuten Backzeit und ca. 12 Stunden Ruhezeit

Frisch aus dem Ofen schmeckt jedes Brot am besten nur mit Butter. Frisches Brot und frische Butter bilden zusammen eine perfekte Mahlzeit auf dem gleichen Niveau wie Trüffelnudeln oder gegrillter Hummer. Dafür würde es sich lohnen, lange zu arbeiten, doch das muss gar nicht sein. Sie kneten nur den Teig, als entspannende Wahrnehmungs-Übung für die Hände. Wenn Sie dabei gleichzeitig Aggressionen abbauen wollen, werfen Sie die Teigkugel immer wieder fest auf die Arbeitsfläche. Die eigentliche Arbeit erledigen später die Hefepilze.

50 g Butter, 1 kg Weizenmehl und Mehl für die Arbeitsfläche, 30 g Salz, 1 EL Zucker, 1 Päckchen Trockenhefe oder ½ Hefewürfel, Mohn, Sesam, Koriander, grobes Salz (oder ähnliche Brotverzierungen)

Die Butter in einem kleinen Topf zerlassen. Mehl, Salz, Zucker, Hefe, Butter und ca. 600 ml kaltes (!) Wasser verkneten, bis der Teig nicht mehr klebt. Den Teig zu einer Kugel formen, mit Mehl bestäuben, in eine Schüssel legen, in der sich der Teig mehr als verdoppeln kann. Mit einem Küchentuch zudecken. Ein feuchtes Tuch über das trockene Tuch legen. An einem kühlen Platz 8–12 (!) Stunden gehen lassen; zum Beispiel abends ansetzen, morgens den Teig einmal zusammenschlagen (in der Schüssel zusammendrücken, damit aus großen Luftblasen kleine werden), mittags backen. Wenn der Teig ein paar Stunden »übergeht«, schadet es nicht.

Zwei Stücke Backpapier jeweils in der Größe eines Backblechs zurechtschneiden. Backofen mit zwei Backblechen auf 240 Grad vorheizen (Umluft 220 Grad). Arbeitsfläche mit wenig Mehl bestäuben. Den Teig aus der Schüssel nehmen, zu einer dicken Rolle formen. Den Teig mit einer Teigkarte, einer Palette oder einem breiten Messer der Länge nach in acht Stücke teilen. Jede Rolle zu einem fingerdicken Strang rollen und ziehen. Sobald die Teigrollen zu lang werden, um sie gleichmäßig zu formen, einfach in der Mitte teilen. Die fertigen Rollen in 12 cm lange Stücke schneiden, mit Wasser bestreichen und mit Mohn, Sesam, Koriander oder grobem Salz bestreuen. Mit der gewürzten Seite nach oben eng nebeneinander auf die beiden Backpapiere legen. Die Backpapiere mit den Teigrollen vorsichtig auf die heißen Bleche heben und im Ofen 15 Minuten goldbraun und knusprig backen.

Sobald das Rollen-Brot abgekühlt ist, bietet es sich als Sandwichbrot an: für Feste, Pausenbrote oder Sofa-Dinner. Meistens verwende ich für den Teig Mischungen aus den Mehlsorten, die gerade im Vorratsschrank stehen. Eine gute Hälfte sollte immer Weizen- oder Dinkelmehl sein, damit der Teig schön elastisch wird. Der Rest kann auch Roggen- oder sogar Buchweizenmehl sein. Vollkornmehle sind gut geeignet, je nach Mehlsorte kann es sein, dass Sie mal mehr, mal etwas weniger Wasser benötigen.

Kneten

Vanillecreme-Brötchen

Zeit: 20 Minuten, 25 Minuten Backzeit und ca. 12 Stunden Ruhezeit

Komischerweise gibt es in vielen Bäckereien Croissants mit Schokolade oder Konfitüre, aber nur ganz selten mit Vanillefüllung. Dabei ist die doch die einzig wahre! Italienische Baristas wissen das und überzeugen mit cremigen Vanille-Croissants zum morgendlichen Cappuccino.

Für 12 Vanillecreme-Brötchen: 500 ml Milch, 1 Päckchen Vanillezucker, 4 EL Zucker, 1 Pckg. Vanillepuddingpulver, 125 g weiche Butter, 500 g Dinkelmehl, 1 TL Salz, 2 EL Zucker, ½ Päckchen Trockenhefe oder ¼ Hefewürfel, 200 ml Milch und etwas Milch zum Bestreichen, 2 Eier, 1 EL Hagelzucker

Aus 500 ml Milch, Vanillezucker, 2 EL Zucker und Vanillepuddingpulver einen Pudding kochen. 25 g Butter unterrühren. Abkühlen lassen, damit der Pudding fest wird.

Dinkelmehl, Salz, Zucker, Hefe, 200 ml Milch, Butter, 1 Ei und 1 Eigelb verkneten. Das zweite Eiweiß aufbewahren. Alle Zutaten kräftig durcharbeiten, bis der Teig nicht mehr klebt und sich beim Kneten angenehm seidig und elastisch anfühlt. Den Teig zu einer glatten Kugel formen, mit Mehl bestäuben, in eine Schüssel legen, in der sich der Teig mehr als verdoppeln kann. Mit einem Küchentuch zudecken. Ein feuchtes Tuch über das trockene Tuch legen. An einem kühlen Platz 8–12 (!) Stunden gehen lassen.

Teig aus der Schüssel nehmen, kurz kneten, wieder in die Schüssel legen und noch einmal 1 Stunde ruhen lassen.

Backofen auf 180 Grad vorheizen (Umluft 160 Grad). Den Teig halbieren, jede Hälfte zu einem Rechteck von 20 x 30 cm ausrollen. Ein Teigstück auf einem Backpapier auf ein Blech legen. 4 Reihen mit je 3 gehäuften Teelöffeln Pudding in regelmäßigen Abständen auf den Teig setzen. Das zweite Teigstück auf den ersten Teig legen, um die Vanillecreme-Klekse herum andrücken, 10 Minuten ruhen lassen, anschließend mit Eiweiß bestreichen, mit Hagelzucker bestreuen und mit einem Teigrad in 12 einzelne Stücke schneiden. Die Stücke nicht auseinanderschieben, sondern so, wie sie sind, 25 Minuten auf der zweituntersten Schiene backen.

Zeitverschiebung

Einmachen und konservieren

Niemand hat nie Zeit. Wenn wir in unserer freien Zeit abends, am Wochenende oder in den Ferien Auberginen, Tomaten oder Quitten einkochen, konservieren wir mit den Früchten zugleich Freizeit. Freie Zeit für Tage, die von Hektik bestimmt scheinen. Der Duft, der einem selbst gefüllten Glas mit Holunderblütensirup beim Öffnen entströmt, verknüpft sich im assoziierenden Teil unserer Großhirnrinde mit einer Erinnerung an die Situation, in der wir es verschlossen hatten. So kann die Zeit-Gemüse-Konserve zusätzlich auch noch Gefühle transportieren. Sei es die Empfindung wärmender Sonnenstrahlen im Frühling oder das Gefühl der Entspannung beim Gemüse-Schnippeln. Auf diese Weise spart der Inhalt eines Einmachglases aus dem Vorratsschrank nicht nur Zeit bei der Zubereitung einer guten Mahlzeit. Er spendet Freude. Das ist ein Grund dafür, dass selbst gekochte Marmeladen und Tomatensaucen immer besser schmecken als gekaufte.

Oliven, Salzzitronen, Senf und viele andere Spezialitäten der Vorratsküche reifen im Glas. Erst nach Tagen, Wochen oder Monaten erreicht ihr Aroma seinen Gipfel. Für den Genuss dieser Spezialitäten spielt passiv verbrachte Zeit eine zusätzliche Rolle. Warten macht wertvoll – erklärt der Sufimeister seinem angelsächsischen Schüler in dem Siebziger-Jahre-Selbstfindungs-Klassiker »Ich ging den Weg des Derwisch« von Reshad Feild. Die Geschichte hat mich als Kind damals sehr beeindruckt: »Um solche Oliven zuzubereiten, musst du zunächst die allerbeste Sorte kaufen, die du finden kannst. Dann reinigst du sie mehrere Male sorgfältig mit Wasser, bis alles Salz weggewaschen ist. Hast du das verstanden? ... Als Nächstes nimmst du einen Krug, den du vorher gründlich gespült hast – er muss vollkommen sauber sein. Du gibst die gewaschenen Oliven hinein und übergießt sie mit kochendem Wasser. Die Oliven werden anschwellen. Lass sie lange genug im Wasser, damit sie sich ausdehnen können – aber nicht zu lange, sonst platzt ihre Haut. Dann gießt du das Wasser ab und gibst ein paar Zitronenscheiben und etwas frische Minze hinzu. Zum Schluss füllst du den Krug mit Olivenöl auf ... Lass ihn 40 Tage und 40 Nächte stehen. Dann sind sie vollkommen.«

Des Meisters Oliven dürfen erst nach einer Wartezeit genossen werden. Warten fordert vom Olivenfreund keine zeitverschlingende Tätigkeit, nur Selbstbeherrschung. Weil die Oliven aber nicht sofort verfügbar sind, steigen sie im Wert – wie knappe Güter in der Wirtschaft. Natürlich nehmen die Früchte im Laufe der Tage Olivenöl und Aromen auf und schmecken dadurch am Ende der Reifezeit tatsächlich intensiver als an deren Anfang. Doch der psychologische Aspekt scheint mir fast genauso wichtig zu sein. Das Prinzip gilt für alle Lebensmittel, die Reifeprozesse durchlaufen. Manch alter Rotwein wird sogar noch teurer, lange nachdem er seinen geschmacklichen Zenit überschritten hat.

ZEITVERSCHIEBUNG

Melanzane für den Winter

Zeit: 20 Minuten

Haltbarkeit: 6 Monate

Die knackigsten, drallsten Auberginen mit dem süßesten Geschmack und der strahlendsten hellen lila Farbe sind im Handel oft als Melanzane erhältlich, auch wenn die Früchte aus Griechenland oder Spanien stammen. Dabei ist Melanzane eigentlich nur das italienische Wort für Aubergine und bezeichnet dort keine spezielle Sorte.

1 kg feste Auberginen, 2 Selleriestängel, 1–3 scharfe Peperoncino-Schoten, 100 g Salz, 200 ml Weinessig, 100 g Salzzitronen (arabischer Feinkosthandel oder siehe unten), 200 ml Olivenöl, 2 Zweige frische Lorbeerblätter

Auberginen waschen, den Stielansatz entfernen, die Früchte zuerst in 3–4 mm dicke Scheiben, dann in feine Streifen schneiden. Selleriestängel und Peperoncini waschen, ebenfalls fein schneiden. Mit Auberginen und Salz in einer Schüssel mischen, mit einem Teller zudecken und mit einem Gewicht beschweren, sodass die Auberginen nach kurzer Zeit in ihrem eigenen Saft liegen. 24 Stunden kalt stellen.

Die Auberginenstreifen in einem Küchentuch auspressen, anschließend in einer Schüssel mit dem Essig mischen, kurz stehen lassen und noch einmal auspressen – diesmal nicht allzu fest. Salzzitronen in Streifen schneiden. Auberginen und Gewürze in Gläser schichten, fest andrücken, sodass die Auberginen vom austretenden Essig knapp bedeckt sind – notfalls noch etwas Essig zufügen. Das Gemüse mit einer Schicht Lorbeerblätter belegen, mit Öl aufgießen und so luftdicht abschließen. Das funktioniert am besten, wenn Sie ein kleines, säurefestes Gewicht auf die Lorbeerblätter legen, zum Beispiel Kiesel aus Granit. Mindestens 10–14 Tage an einem kühlen dunklen Ort reifen lassen. Am besten größere Mengen aus dem Glas entnehmen, den Glasrand sorgfältig abwischen und darauf achten, dass alles von Öl bedeckt bleibt. Mit anderen Antipasti servieren.

Die besten Zitronen für alle Rezepte mit Zitronenschalen sind Zedrat-Zitronen, die Sorte, die sonst für Zitronat kandiert wird. Die Schalen der Zedrat-Zitronen sind so mild, dass Sie sie sogar für Salate verwenden können, hauchdünn geschnitten. Leider finden Sie die Superzitronen nur im Winter bei guten Gemüsehändlern, während die besten Auberginen im Sommer reifen. Da hilft nur einsalzen, nach einem alten marokkanischen Rezept für Salzzitronen, das ich seit Jahren liebe. Seit ich dafür Zedrat-Zitronen verwende, schmeckt das Ergebnis gleich noch mal so gut: 1,2 kg Zedrat-Zitronen (ca. 2 Stück) 1 Minute in kochendes Wasser legen, abtrocknen. Die Früchte achteln, abwechselnd mit 200 g Meersalz, 10 Lorbeerblättern und 1 EL gequetschten schwarzen Pfefferkörnern in heiß ausgespülte Einmachgläser schichten – fest in das Glas drücken! 4–5 »normale« Zitronen auspressen, 200 ml Saft abmessen und damit die Gläser auffüllen. Als luftdichten Abschluss etwas Olivenöl zugeben, die Zitronen müssen vollständig bedeckt sein. Zitronen mindestens 3–4 Wochen an einem kühlen, dunklen Ort durchziehen lassen.

Gewürz-Tomaten

Zeit: 20 Minuten und 1 Stunde Garzeit

Haltbarkeit: 3–4 Monate

Tomaten im Ofen zu schmoren, ist eine gute Methode, um den Geschmack von vielen aromatischen und preisgünstigen Sommertomaten in wenigen kleinen Gläsern für den Winter aufzubewahren. Vor allem in Ländern, in denen die Sonneneinstrahlung selten ausreicht, um Tomaten in der Sonne zu trocknen. Für die Haltbarkeit ist es wichtig, die Tomaten kräftig zu salzen und die fertigen Tomaten im Glas mit Olivenöl zu bedecken. Ein bisschen Knoblauch macht sich immer gut, aber die Gewürze können Sie variieren, gegen Rosmarin, Thymian, Verbene oder Salbei austauschen oder beim Einkochen ganz weglassen. Geben Sie dafür vielleicht ein paar zarte frische Basilikumblättchen dazu, wenn Sie später Ihre kleine Delikatesse als Antipasto servieren.

1 kg reife Flaschentomaten, 4 Knoblauchzehen, 1–3 getrocknete Peperoncini,
2 Lorbeerblätter, 1 EL Koriandersamen,
1 EL Fenchelsamen, 1 TL Wacholderbeeren,
1 TL Senfsaat, 4 Gewürznelken, 10 g Salz,
200 ml Olivenöl

Die Tomaten vierteln und die Kerne entfernen. Die Tomatenstücke auf ein tiefes Ofenblech legen. Knoblauchzehen mit Schale quetschen, Peperoncini in Ringe schneiden, die Lorbeerblätter in größere Stücke reißen. Die Gewürze mit dem Salz unter die Tomaten mischen, mit dem Olivenöl vermengen und in den Ofen schieben. Bei 120 Grad Umluft im Ofen 1 Stunde schmoren. Danach sollen die Stücke deutlich getrocknet, aber innen saftig sein.

Vorsichtig in heiß ausgespülte Gläser löffeln, falls nötig noch etwas Olivenöl zugeben, damit die Tomaten bedeckt sind, verschließen und kühl lagern.

Für größere Mengen sollten Sie die Tomaten in mehreren Durchgängen schmoren, denn wenn zu viele Tomaten auf einem Blech liegen, kann nicht genügend Wasser verdunsten, und das Ergebnis schmeckt mehr gekocht als geschmort.

Geschmorter Hokkaido-Kürbis mit Herbstpilzen

Zeit: 20 Minuten und 40 Minuten Garzeit

Haltbarkeit: 1–2 Wochen im Kühlschrank

Dieses kleine Herbst-Antipasto könnten Sie genauso wie die Tomaten in Gläser füllen, mit Öl bedecken und dann monatelang lagern. Weil sich Kürbis und Pilze aber nur mit viel Luft ins Glas schichten lassen, bräuchten Sie dafür unverhältnismäßig viel Öl. In Zeiten, in denen nicht mehr ganz klar ist, ob Rapsöl Treibstoff oder Salatzutat ist, sollten wir vielleicht auch in der Küche wieder mehr darauf achten, unsere Energieträger nicht zu verschwenden.

1 kleiner Hokkaidokürbis (ca. 1 kg), 250 g Mini-Zwiebeln, 2 Knoblauchzehen, 4 EL kalt gepresstes Rapsöl, Salz, Pfeffer, 250 g Waldpilze (z. B. Pfifferlinge, Steinpilze, Totentrompeten), 2–3 Rosmarinzweige

Ofen auf 200 Grad (180 Grad Umluft) vorheizen. Kürbis waschen, halbieren und die Kerne entfernen. Den Kürbis – mit Schale – in fingerdicke Spalten schneiden. Die Zwiebeln schälen. Knoblauch leicht quetschen. Auf einem Blech Kürbis, Zwiebeln und Knoblauch mit dem Öl mischen, würzen und verteilen. Ca. 30 Minuten im Ofen garen. Währenddessen die Pilze putzen und die Stielenden abschneiden. Größere Pilze halbieren oder vierteln, kleine ganz lassen. Nach 20 Minuten mit dem Rosmarin zum Kürbis geben, zusammen fertig garen, abschmecken, in ein Glas füllen, abkühlen und im Kühlschrank aufbewahren.

Zum Servieren mit ein paar halbierten Kirschtomaten mischen oder mit ein paar Tropfen Essig beträufeln – ein wenig frische Säure ergänzt das süßliche Kürbisaroma gut.

Das einfachste Risotto: 300 g Risottoreis mit 1 EL Butter unter Rühren 2 Minuten rösten. 1 l Brühe aufkochen. Den heißen Reis mit einem kräftigen Schuss Weißwein ablöschen. Die Brühe nach und nach zum Risotto geben, dabei mit einem Holzlöffel immer wieder sanft umrühren. Nach 15 Minuten die Hälfte der Kürbis-Pilze zugeben, nach weiteren 3–5 Minuten ist der Reis fertig. Risotto vom Herd nehmen, 100 g Crème fraîche oder 2 EL kalte Butterstückchen unterrühren, abschmecken. Auf vorgewärmte Teller verteilen und sofort servieren.

Süßsaure Chilisauce

Zeit: 10 Minuten und 30 Minuten Garzeit

Haltbarkeit: mindestens 1 Jahr

Die Schärfe, die wir bei einem Gericht als angenehm stimulierend empfinden, unterscheidet sich sehr stark von Mensch zu Mensch, je nach Alter, Gewohnheiten und genetischer Disposition. Darum ist es oft sinnvoll, nicht allzu scharf zu kochen, aber Zusatzschärfe anzubieten. Im einfachsten Fall sind das die Pfeffermühle auf dem Tisch oder ein paar Chiliringe in Soja- oder Fischsauce. Wenn Sie Chili- oder Peperoniringe ein paar Stunden lang kräftig salzen und dadurch entwässern, halten sie sich in Essig oder Öl fast unbegrenzt. Ich mixe gesalzene, abgespülte Peperoniringe mit Reisessig – so fein wie möglich – für die einfachste aller Chilisaucen. Ganz ähnlich entstehen manche kalt gereiften Chilisaucen nach traditionellen Rezepten, wie zum Beispiel Tabasco: Chilischoten werden mit acht Prozent Salz püriert und dann, wie Sauerkraut, in großen Holzfässern vergoren. Nach drei Jahren (!) wird der fermentierte Chilibrei fein püriert und mit Essig abgeschmeckt. Koreanische Kim-Chi-Produzenten arbeiten ganz ähnlich und konservieren im Chilibrei alles vom Kohlkopf bis zur Qualle. Mein Gärtopf blubbert – ohne Qualle – schon im Keller. In drei Jahren werde ich Ihnen sagen können, wie das Ergebnis schmeckt. Hier schon einmal die heiße Version für die Küche der Gegenwart.

200 g milde rote Peperoni, 200 g Aprikosen, 100 ml Apfelessig, 200 ml Apfelsaft, 15 g Salz, 75 g Zucker

Peperoni entkernen und grob zerkleinern, die Aprikosen halbieren, dabei den Stein entfernen. Alle Zutaten zusammen 30 Minuten weich kochen, fein pürieren, noch einmal aufkochen und dann in heiß ausgespülte Gläser oder Flaschen füllen. Kühl und dunkel lagern, angebrochene Flaschen im Kühlschrank aufbewahren.

Sweet-Chili-Chickenwings sind die beste Anwendung, um Ihre neue Errungenschaft mit gekauften Chilisaucen zu vergleichen: Hühnerflügel mit ganz wenig Öl mischen, damit das Salz anschließend gut haftet. Salzen. Hühnerflügel in einem Bräter oder in einer schweren Pfanne von beiden Seiten hellbraun anbraten, im Ofen bei 220 Grad (200 Grad Umluft) 30 Minuten knusprig goldbraun braten. Den Ofen auf Grillen schalten, die Hühnerflügel mit Chilisauce bestreichen und einige Minuten im Ofen grillen, bis sich erste schwarze Stellen bilden. Um die Chilisauce als Dip zu variieren, gezupften Koriander oder fein gehackte Korianderwurzeln, geriebenen Ingwer, Limettensaft oder ein paar Tropfen Sesamöl in die fertige Sauce rühren.

Dip+Sauce

Pinien-Pesto

Zeit: 5 Minuten

Haltbarkeit: 1 – 2 Wochen im Kühlschrank

Ab und zu verschenke ich selbst gemachtes Fenchel-Pesto – das mag ich, weil es gut schmeckt, weil es von einer unermüdlich sprießenden Fenchelstaude in meinem Garten stammt und weil man es nicht kaufen kann. Kürzlich beschwerte sich eine damit beschenkte Jubilarin, eine italophile Pastaspezialistin aus der Nachbarschaft: Das Pesto schmecke nach Blitzhacker, zu grob und ein bisschen unharmonisch. Ich hatte es eilig gehabt und dachte, ich käme damit durch ... Pustekuchen. Also: Gehen Sie in den besten Asienladen, den Sie kennen, und kaufen Sie dort den allergrößten Stein-Mörser, den es gibt! Es gibt kein wichtigeres Küchengerät.

50 g Pinienkerne (oder Cashewkerne), ½ Knoblauchzehe, 1 TL Senf, Salz, 100 ml kalt gepresstes Rapsöl, 3 EL Kuh- oder Ziegenfrischkäse

Pinienkerne in einer Pfanne ohne Fett sehr hell rösten, dabei häufig umrühren. Die Pinienkerne in den Mörser schütten. Knoblauch, Senf und eine kräftige Prise Salz zugeben, zerreiben. Rapsöl und Frischkäse unterrühren, abschmecken und in ein Glas füllen. Dieses Pesto könnten Sie auch im Blitzhacker pürieren, denn die superzarten Pinienkerne verwandeln sich ja fast von selbst zu Brei. Aber im Mörser macht es mehr Spaß.

Unermüdlich versuche ich die Zitronenverbene mit immer neuen Anwendungsbeispielen in deutschen Kräutertöpfen zu verbreiten: Ein paar Blättchen Verbene geben auch Pinien-Pesto eine besondere, frische Note. Der saarländische Drei-Sterne-Koch Christian Bau aromatisiert damit eine Crème brulée und serviert die ausgebackenen Blätter als Tempura zu Hummer.

Kräuterbutter

Zeit: 15 Minuten

Haltbarkeit: im Kühlschrank 1 Woche, tiefgekühlt 3 Monate

Geschmack entsteht immer aus der mehr oder weniger harmonischen Beziehung zwischen den grundsätzlichen Geschmacksempfindungen, die ein Gericht in unserem Mund auslöst. Hier sind die Schalotten süß, Vermouth liefert die Säure, und Salz kommt auch hinein in die Kräuterbutter. Kräuter wiederum liefern die Bitterstoffe. Abgerundet und verstärkt werden die vier Grund-Geschmäcker durch Umami, den unterstützenden fünften Geschmack der Glutaminsäure. Letztere kommt in vielen Lebensmitteln vor, hier besonders in Zwiebeln und getrockneten Steinpilzen – sind gerade keine Steinpilze im Haus, erfüllt Parmesan den gleichen Zweck.

4 Schalotten, 250 g weiche Butter, 8 cl trockener Vermouth, ½ TL Salz, 2 EL getrocknete Steinpilze, 1 Handvoll Kräuter und essbare Blüten nach Jahreszeit und Lust und Laune

Schalotten schälen und möglichst klein würfeln. Mit 2 EL Butter bei schwacher Hitze 10 Minuten zugedeckt dünsten.

In der Zwischenzeit die restliche Butter mit dem Salz weiß-schaumig schlagen. Kräuter und Blüten hacken. Steinpilze im Blitzhacker pulverisieren, zu den Schalotten geben, mit Vermouth löschen und bei großer Hitze fast vollständig einkochen. Kräuter, Blüten, Butter und Schalotten mischen. Abschmecken, kalt stellen oder einfrieren.

Essbar sind die Blüten aller Kräuter, hier zum Beispiel Lavendel. Aber auch viele andere Blüten eignen sich für bunte Kräuterbutter, zum Beispiel Glocken- und Ringelblumen, Gewürztagetes, Stiefmütterchen. Blüten aus dem Blumenladen sind grundsätzlich nicht für den Verzehr geeignet! Es gilt: Selber anbauen – oder spezialisierte Händler konsultieren (z. B. www.essbare-landschaften.de).

Eingekocht im Glas oder TK

Rinderbrühe

Zeit: 20 Minuten und 3 Stunden Garzeit

Haltbarkeit: tiefgekühlt 1 Jahr

Vietnamesen haben französische Bouillontechnik assimiliert, als Grundlage für ihre ausgefeilte Suppenküche. Wir holen die vietnamesische Brühe wieder zurück nach Europa. Das Ergebnis ist etwas leichter, dabei aber genauso aromatisch wie die Klassiker.

3 Zwiebeln, ½ Knoblauchknolle, 5 cm Ingwerwurzel, 200 g Knollensellerie, 3 Tomaten, 1,5 kg Rinderknochen, 400 g Rindfleisch (z. B. Wade oder Schulter), 1 TL Pfefferkörner, 5 Gewürznelken, 1 TL Zimtblüten (oder ¼ Zimtstange), 2 Lorbeerblätter, ½ Bund Thymian, 2 TL Salz, 2–3 EL Fischsauce

Zwiebeln ungeschält halbieren und in einem großen Topf mit der Schnittfläche nach unten 10 Minuten rösten, bis die Zwiebelunterseite schwarz ist. Knoblauch und Ingwerwurzel mit einem Fleischklopfer quetschen, in den Topf geben. Knollensellerie und Tomaten grob zerkleinern, ebenfalls in den Topf geben. Rindfleisch und Knochen zugeben, mit 3 Liter Wasser aufgießen und zum Kochen bringen. Sobald die Brühe einmal kräftig gekocht hat, die Hitze reduzieren und auf kleiner Flamme 1 Stunde simmern lassen. Immer wieder den aufsteigenden Schaum abschöpfen.

Pfeffer, Nelken und Zimtblüten im Mörser quetschen, mit den Kräutern in die Brühe geben. Nach einer zweiten Stunde das Rindfleisch aus der Brühe nehmen. Nach 3 Stunden die Brühe vorsichtig durch ein Tuch in einen zweiten Topf gießen, zurück auf den Herd stellen. Aufkochen und mit Salz und Fischsauce abschmecken. Sobald die Brühe kalt ist, in Portionen von ca. 500 ml einfrieren.

Wenn einer eine Brühe kocht, will er die duftende Flüssigkeit nicht einfach komplett einfrieren und eine Karotte gegen den Hunger knabbern. Deshalb schwimmt in unserer Brühe auch ein Stück Suppenfleisch. Mit 800 ml Brühe und 500 g Kartoffeln wird daraus eine Mahlzeit. Die Kartoffeln schälen und würfeln, in der Brühe kochen. Das Fleisch zuerst in dünne Scheiben, dann in breite Streifen schneiden. In die Suppe geben, wenn die Kartoffeln fast fertig sind. Großzügig mit Schnittlauch bestreuen und servieren.

Eingekocht im Glas oder TK

Kalbsragù

Zeit: 30 Minuten und 2 Stunden Kochzeit

Haltbarkeit: 1 Jahr

Italienische Ragùs sind fast immer als Saucen für Nudelgerichte gedacht. Dafür wird das Fleisch kleiner gewürfelt als für ein französisches Ragout, dann aber genauso mit Wurzelgemüse langsam geschmort. Im allgegenwärtigen Ragù alla bolognese ist Hackfleisch vor allem eine Zutat für Restaurantköche, die keine Zeit haben, große Mengen Fleisch in kleine Würfel zu schneiden. Südlich von Neapel findet man eine noch einfachere Version: Sparsame Mamas schmoren dort ihren Sonntagsbraten in Tomatensauce. So entstehen gleichzeitig eine dichte Schmorsauce für die Pasta und ein saftiger Schmorbraten als Hauptgang. Im Glas eignet sich ein einfaches Kalbsragù sehr gut für die Speisekammer. Sie können es entweder als Nudelsauce oder als Hauptgericht mit Kartoffelpüree, Salzkartoffeln oder Polenta servieren.

100 ml fruchtiger Weißwein, 0,1 g Safranfäden, 1,5 kg dünne Kalbsbeinscheiben (so dünn, wie sie der Metzger schneiden kann), 1 Fenchelknolle, 4 Knoblauchzehen, 2 EL Olivenöl, Salz, Pfeffer, 1 TL Fenchelsamen, 200 g Tomaten (passiert oder gewürfelt)

Weißwein und Safran zusammen aufkochen, vom Herd nehmen und ziehen lassen. Kalbfleisch, Fenchelknolle und Knoblauch klein würfeln. Einen schweren Topf mit dem Olivenöl erhitzen, das Fleisch und die Markknochen darin bei großer Hitze goldbraun anbraten. Das dauert ungefähr 15 Minuten. Fenchel und Knoblauch zugeben, mit Salz, Pfeffer und Fenchelsamen würzen. Einen Deckel auflegen, 10 Minuten weiterschmoren. Tomaten zugeben, wieder 10 Minuten schmoren. Mit 100 ml Wasser ablöschen, insgesamt noch eine Stunde schmoren, dabei immer wieder kleine Mengen Wasser zugeben, sodass allmählich eine konzentrierte Schmorsauce entsteht. Zuletzt Wein und Safran ins Ragù geben, die Knochen aus der Sauce nehmen, das Knochenmark aus den Knochen löffeln und zurück in die Sauce geben.

Das fertige Ragù abschmecken – nicht zu kräftig, es wird beim Einkochen weiter konzentriert – und portionsweise einfrieren oder in Einmachgläser füllen, 45 Minuten sterilisieren, abkühlen und kühl und dunkel lagern.

Zum Sterilisieren von gefüllten Einmachgläsern ein gefaltetes Küchentuch in einen großen Topf legen, die Gläser hineinsetzen. Sie können die Gläser auch übereinander in den Topf stellen, durch Schraubdeckel oder mit Federklammern gesicherte Glasdeckel dringt kein Wasser ein. Den Topf bis knapp unter den Rand des obersten Glases mit Wasser füllen – für heiße Gläser mit heißem Wasser, für kalte Gläser mit kaltem Wasser. Aufkochen, dann die Hitze reduzieren und je nach Rezept 30 Minuten bis 2 Stunden einkochen.

Die fertigen Gläser mit einem Sieblöffel aus dem Topf nehmen, auf ein Tuch stellen und auskühlen lassen. Kontrollieren, ob alle Deckel gut schließen, offene Gläser kühl stellen und schnell verbrauchen.

Hähnchenkrautwickel

Zeit: 45 Minuten und 1,5 Stunden Garzeit

Haltbarkeit: 1 Jahr

In immer neuen Varianten sind sie seit Jahrzehnten die Nummer 1 auf den Titelseiten unserer Kochzeitschriften: Rouladen und Krautwickel. Es gibt halt nichts Besseres, wenn Schwiegermütter oder -söhne zum Sonntagmittagsmahl kommen. Hier die Version für den Überraschungsbesuch.

1 kleiner Spitzkohl, 800 g Hähnchenkeulen, 1 EL Öl, 4 Knoblauchzehen, ca. 150 g rohe grobe Bratwurst, Salz, Pfeffer, 2 Zwiebeln, 4 EL passierte Tomaten, ½ TL Kümmel, 500 ml dunkles Bier

Den Kohl mit dem Strunk auf eine große Gabel oder eine Fleischgabel spießen. Den Kohlkopf in kochendes Wasser tauchen, die äußeren Blätter vorsichtig nacheinander ablösen. Insgesamt 10–12 Blätter ablösen, dabei den Kohlkopf immer wieder ins kochende Wasser tauchen. Die dicke Mittelrippe der abgelösten Blätter flach schneiden. Auf ein Küchentuch legen und trocken tupfen. Den restlichen Kohl vierteln, den Strunk entfernen, die Blätter in kleine Quadrate schneiden.

Die Haut von den Hähnchenkeulen abziehen, in breite Streifen schneiden und in einem kleinen Topf mit dem Öl auslassen. Das Hähnchenfleisch von den Knochen schneiden, würfeln. Knoblauchzehen schälen und in Scheiben schneiden. Die Bratwurstmasse aus der Haut drücken, mit dem geschnittenen Kohl, Knoblauch und 2 EL vom Hähnchenfett 3–4 Minuten anbraten. In einer Schüssel mit dem rohen Hähnchenfleisch mischen, mit Salz und Pfeffer würzen.

Die Füllung auf die Kohlblätter verteilen. Die Seiten zur Mitte hin einschlagen und die Blätter straff einrollen. Kohlrouladen mit einem Zahnstocher fixieren. Im restlichen Hähnchenfett von beiden Seiten anbraten. Die Zwiebeln schälen und in Scheiben schneiden, zu den Rouladen geben. Nach 2 Minuten Tomaten und Kümmel zugeben, mit etwas Bier ablöschen und bei geschlossenem Deckel 40 Minuten schmoren. Dabei immer wieder kleine Mengen Bier zugeben, sodass allmählich eine sämige, glänzende Sauce entsteht.

Die fertigen Rouladen senkrecht möglichst eng in passende Einmachgläser schichten. Mit der Sauce begießen und sterilisieren (siehe Kalbsragù, S. 171).

Schneller und einfacher: Verwenden Sie Hähnchenbrustfilet statt der Keulen, und lassen Sie keine Hautstreifen aus, sondern braten Sie Füllung und Krautwickel einfach mit 1–2 EL Öl an.

Eingekocht im Glas oder TK

Entenkeulen für russische Winter

Zeit: 20 Minuten und 2 Stunden Kochzeit

Haltbarkeit: 2 Wochen im Kühlschrank, 6 Monate im Glas

In harten russischen Wintern musste man zusammenrücken auf dem Bauernhof. Enten und Schweine fütterte man nicht durch, wenn das Essen kaum für Menschen und Arbeitstiere reichte. Die überflüssigen Fresser wurden im Spätherbst eingesalzen und kamen dann in den Topf oder in den Rauchfang über dem Herdfeuer. Mit Kohl und Rüben aus dem Gärbottich entstanden Eintöpfe für harte Zeiten. (Schreiben Sie mir, wenn Sie Erfahrungen mit selbst gemachtem Sauerkraut, sauren Rüben oder sauren Gurken austauschen möchten.) Mein Rezept ist nicht ganz so rustikal, es ist ein Vorschlag für den Stadtbewohner, der seinen Entenbraten zwar selten selber füttert, sich aber trotzdem wohlfühlt, wenn selbst gekochte Vorräte an tristen Wintertagen trösten.

4 Entenkeulen, 2 TL Salz, Pfeffer, 1 EL Öl, 2 Zwiebeln, 200 g Rote Bete, 200 g Petersilienwurzeln, 200 g Weißkraut, 3 Thymianzweige, 2 Lorbeerblätter, 300 ml fruchtiger Weißwein, 200 ml fruchtiger Weißweinessig, 1 Bund Dill

Entenkeulen im Gelenk durchschneiden, mit Salz und Pfeffer kräftig würzen. Die Keulen mit dem Öl in einer großen Pfanne auf der Hautseite 10 Minuten bei mittlerer Hitze goldbraun braten.

In der Zwischenzeit Zwiebeln, Rote Bete und Petersilienwurzeln schälen und in Scheiben schneiden. Weißkraut in 1 cm breite Streifen schneiden. Entenkeulen wenden, Gemüse und Kräuter auf die Keulen legen, Weißwein, Weißweinessig und 300 ml Wasser angießen. Bei geringer Hitze mit Deckel eine Stunde schmoren. Die Knochen aus den Keulen ziehen, die Haut entfernen. Dill waschen, trocken schütteln und sehr grob hacken.

Entenfleisch mit Gemüse und Dill in Gläser verteilen, mit dem Sud begießen und 60 Minuten einkochen (siehe Kalbsragù, S. 171). Kühl und dunkel lagern.

Für eine Borschtsch-Suppe das Ragout beim Aufwärmen mit etwas Wasser verdünnen, eventuell ein wenig nachwürzen. Salzkartoffeln, Sauerrahm und frisch geriebener Meerrettich passen auf jeden Fall dazu.

Quittensirup

Zeit: 10 Minuten und 60 Minuten Kochzeit

Haltbarkeit: 1 Jahr

Was tun mit Quitten? Je mehr Köche diese Frage beantworten, umso besser werden die Überlebenschancen dieser wundervollen Früchte, auch in unseren heimischen Obst- und Gemüsegärten. Quittengelee ist ein guter Anfang, doch probieren Sie erst einmal Quittenkonfitüre! Der Sirup schmeckt gut in sommerlichen Drinks, mit Wasser, Eiswürfeln und Zitrone, mit Sekt oder Prosecco und mit Rum und Limette.

1,5 kg Quitten, 1 Vanilleschote,
5–6 Bio-Zitronen, 500 g Zucker

Quitten mit einem Tuch abreiben und waschen. Die Früchte vierteln, Kerngehäuse, Stiel und Blüte entfernen, das Fruchtfleisch in fingerdicke Spalten schneiden – das geht am besten mit einem großen Brotmesser. 1 Zitrone waschen und vierteln. Die Früchte mit Vanilleschote und 2 Liter Wasser 45 Minuten weich kochen. Ein großes Nudelsieb mit einem feuchten Passiertuch oder einem feuchten Küchentuch auslegen, auf einen großen Topf stellen. Den Saft hineingießen, langsam ablaufen lassen. Vollständig abkühlen.

Gläser oder Flaschen mit insgesamt etwa 2 l Inhalt bei 130 Grad in den Backofen legen, um sie zu sterilisieren – Gummidichtungen vorher entfernen und in Wasser 5 Minuten abkochen. 4–5 Zitronen für 200 ml Saft auspressen. 1 l Quittensaft abmessen, in einem Topf mit Zitronensaft und Zucker mischen. Die Vanilleschote längs halbieren, das Vanillemark herauskratzen, in den Saft geben. Einmal kräftig aufkochen, in sterilisierte Gläser oder Flaschen füllen, verschließen und kühl und dunkel lagern.

Quittenstücke, die bei der Sirup-Produktion übrig bleiben, können Sie weiterverarbeiten. Zum Beispiel zu Konfitüre, Quittensenf, Quitten-Apfelmus oder Streusel-Quitten. Für Quittenkonfitüre die Fruchtstücke pürieren und wiegen, im Verhältnis 4:3 mit Zucker mischen und etwa 10 Minuten unter ständigem Rühren einkochen. Wenn Sie dann einen Holz-Kochlöffel durch die Konfitüre ziehen und anschließend über dem Topf abtropfen lassen, dann sollte der letzte Tropfen am Löffel fest werden – ein sicheres Zeichen dafür, dass die Quittenkonfitüre später gut geliert.

Für Streusel-Quitten 125 g Mehl, 100 g braunen Zucker und 80 g kalte Butter mit den Fingerspitzen verkrümeln, 4 EL grob gehackte Nüsse und ½ TL Lebkuchengewürz unterkrümeln, bis schöne ungleichmäßige Streusel entstehen. Die können Sie auch vorbereiten und einfrieren. 1 Rezeptmenge gekochte Quitten (siehe Quittensirup, linke Seite) in einer gebutterten Auflaufform mit 1 EL Mehl mischen. 2 EL Zitronensaft und 3 EL Honig zugeben. Die Streusel über die Quitten streuen und auf der mittleren Schiene im Ofen ca. 45 Minuten goldbraun backen. Streusel-Quitten aus dem Ofen nehmen, 10 Minuten ruhen lassen und servieren.

Für einen Quitten-Streuselkuchen aus 160 g Mehl, 120 g Butter, einer Prise Salz und 2–3 EL Wasser einen neutralen Mürbteig bröseln, zu einer Kugel formen und 30 Minuten ruhen lassen. Währenddessen 100 g Butter mit 100 g Zucker schaumig schlagen, nacheinander 2 Eier und 2 Eigelbe unterrühren und zuletzt 100 g geriebene Mandeln zugeben. Mit dem Teig eine große Tarte- oder vier kleine Tortelettformen auslegen. Die Mandelcreme und 1 Rezeptmenge gekochte Quitten (siehe Quittensirup, linke Seite) einfüllen, mit Streuseln bestreuen und auf der untersten Schiene bei 180 Grad ohne Umluft 45 Minuten goldbraun backen. Torteletts brauchen etwa 15 Minuten kürzer.

Quitte

Quittensenf

Zeit: 10 Minuten und 3 Tage Ruhezeit

Haltbarkeit: ca. 6 Monate

Trendige Fruchtsenfkreationen im Feinkostregal werden wie Konfitüre gekocht und dann mit Senfessenz scharf gemacht. Abgesehen davon, dass Senfessenz selbst in der Apotheke kaum noch zu bekommen ist, fehlt ihr das Aroma, das die Schärfe im Senfkorn begleitet. Mit Senfmehl habe ich bisher keine wirklich guten Erfahrungen gemacht – das Ergebnis war immer bitter. Ich vermute, weil die Reifung von Senf aus Senfmehl schwierig ist. In den bayerischen Weißwurstsenf-Manufakturen wird die frische Senfpaste in riesigen Ruheräumen einige Tage oder Wochen mit reichlich Luftkontakt und regelmäßigem Rühren perfektioniert. Wir machen also unseren »echten« Quittensenf aus gequollenen Senfkörnern, so wie auch Dijonsenf hergestellt wird.

1 TL Korianderkörner, 500 ml Weißweinessig, 20 g Salz, 100 g (Muscovado-) Zucker, 400 g gekochte Quitten, 200 ml Quittensirup, (siehe S. 176), 400 g gelbe Senfkörner

Koriander, Weißweinessig, Salz, Zucker, Quitten und Quittensirup zusammen aufkochen. Vom Herd nehmen und zugedeckt 3 Tage quellen lassen. Den Senf im Blitzhacker oder mit dem Pürierstab pürieren und unterrühren. In Gläser füllen, sodass möglichst wenige Luftblasen im Senf sind, kühl und dunkel mindestens eine Woche ziehen lassen.

Gute Begleiter sind würzige Käsesorten, Wild und Ente, aber auch ganz einfache Bratwürstchen. Quittensenf schmeckt sogar zur Weißwurst, aber die Kombination wäre in Bayern sicher höchst unschicklich.

Quitten-Apfelmus

Zeit: 20 Minuten

Haltbarkeit: mindestens 6 Monate

Wirklich gute Apfelsäfte enthalten oft etwa fünf Prozent Quittensaft. Der fruchtig-blumige Duft der Quitte ergänzt die frischen Apfelaromen und verwandelt so gewöhnlichen Saft in einen wohlschmeckenden Trank. Es erstaunt mich, wie wenige Saftproduzenten mit ihrem Quitten-Doping werben. Deklarieren müssen sie die kleinen Mengen nicht. Der Quitten-Trick funktioniert auch bei Apfelmus. Als Zutat für den alltäglichen Frühstücksjoghurt oder das Müsli versuche ich, mein Mus mit wenig Zucker abzuschmecken. Je nach Apfelsorte kann die nötige Menge etwas schwanken. Füllen Sie das Mus ganz heiß in sauber sterilisierte Gläser, dann hält es sich im Keller mindestens ein Jahr.

2 Zitronen, 3 EL Quittensirup, 2 kg aromatische Äpfel, 1 Rezeptmenge gekochte Quitten (siehe Quittensirup, S. 178), 100 g Zucker, 1 Päckchen Vanillezucker

Zitronen auspressen, den Saft mit Quittensirup in einen Topf geben. Die Äpfel schälen, vierteln und das Kernhaus entfernen. Apfel, und Quittenstücke mit Zitronensaft und Zucker und Vanillezucker mischen, bei schwacher Hitze zugedeckt aufkochen und dabei immer wieder umrühren. 10–15 Minuten kochen, bis die Früchte beginnen zu zerfallen. Mit einem Pürierstab nach Belieben mehr oder weniger fein zerkleinern, abschmecken und kochend heiß in sterilisierte Gläser füllen (Sterilisieren siehe S. 176 Quittensirup). Kühl und dunkel lagern.

Anhang

Kleine Bibliografie

Doris Hayn, Claudia Empacher, Silja Halbes
»Trends und Entwicklungen von Ernährung im Alltag«, Materialienband 2
Ökoinstitut, Frankfurt 2005

Den Text finden Sie zum Download unter www.ernaehrungswende.de. Im Rahmen des Projektes untersucht das Ökoinstitut Strategien für soziale und ökologische Entwicklungen im Zusammenhang mit unserer Ernährung. Auftraggeber ist das Bundesministerium für Bildung und Forschung.

Jean-Claude Kaufmann
»Kochende Leidenschaft«
UVK-Verlag, Konstanz 2006

Ein Buch mit erhellenden Erkenntnissen um Rituale und Bedeutung unserer Nahrungszubereitung. Die Basis des Buches sind unzählige Gespräche mit häufiger oder seltener kochenden Franzosen.

Petra Hagen Hodgson und Rolf Toyka
»Der Architekt, der Koch und der gute Geschmack«
Birkhäuser, Basel 2007

Wie formen wir unsere Welt? Als ausgebildeten, wenn auch inaktiven Architekten faszinieren mich die Zusammenhänge zwischen Baustelle und Küche.

William Shurtleff, Akiki Aoyagi
»Das Miso-Buch«
Ahorn-Verlag, Soyen 1976

Dieses Buch begleitet Sie von der ersten Misosuppe bis zur Eröffnung Ihrer eigenen Misomanufaktur – Misorei nennt sie der Eingeweihte.

Reshad Feild
»Ich ging den Weg des Derwisch«
Frankfurt 1981 (London 1976)

Als mir das Buch vor langer Zeit zum ersten Mal begegnete, kam es mir vor wie ein Castaneda ohne Drogen. Die Stelle, an der Autor und Sufischüler Feild beschreibt, wie sein Sufimeister Oliven einlegt, klingt heute noch faszinierend.

Edward Espe Brown
»Das Lächeln der Radieschen. Zen in der Kunst des Kochens«
dtv, München 2007

Das Kochbuch zu Doris Dörries Film über den kochenden Zen-Priester Ed Brown, »How to cook your life«.

Rafael Steinberg
»The Cooking of Japan / Die Küche in Japan«
Time Life 1969

Ein Klassiker unter den Länderkochbüchern. Mit interessanten Texten über Küche und Kultur aus der Sicht eines Reisenden der sechziger Jahre. Der Sushi-Dip mit Rettich auf S. 117 ist mir zuerst in diesem Buch begegnet – im Original noch mit Glutamat ...

Marie Fadel, Rafik Schami
»Damaskus – Der Geschmack einer Stadt«
Sanssouci-Verlag, Zürich 2002

Geschichten über und traditionelle Rezepte aus Damaskus. Von Airan bis Yaprak, von Joghurtdrink bis zu gefüllten Weinblättern.

Monika Schirmer
»Die Quitte – eine fast vergessene Obstart«
IHW-Verlag, Eching 2005

Eine sehr informative und umfangreiche Materialsammlung zu Pflanzenkunde, Literatur, Heilmitteln und Rezepten rund um die Quitte.

Karl und Rudolf Obauer
»Koche lieber leidenschaftlich«
Knaur-Verlag, München 2008

Als Nächstes werde ich das Rezept für eingelegte Pfefferoni auf S. 68 ausprobieren!

Peter Peter
»Kulturgeschichte der deutschen Küche«
C.H. Beck, München 2008

»Currywurst ist die warme Speise zum Kalten Krieg« – über die Entwicklung der Küche in geschichtlichen Zusammenhängen.

Robert Levine
»Eine Landkarte der Zeit«
Piper, München 1998

Über kulturell bedingte Unterschiede in der Wahrnehmung von Zeit und strukturierende Rhythmen im Alltag.

Auguste Escoffier
»Kochkunstführer«
Pfanneberg, Hahn-Gruiten 1993

Die erste Auflage des »Guide Culinaire« erschien 1903. Escoffiers Buch beeinflusste fast alle großen Köche des zwanzigsten Jahrhunderts. Heute ist es vor allem als Zeitdokument immer noch interessant.

Hartmut Rosa
»Beschleunigung. Die Veränderung der Zeitstrukturen in der Moderne«
Suhrkamp, Frankfurt a. M. 2005

Warum das Tempo des Lebens immer mehr zunimmt. Soziologische Betrachtungen über die Rolle der Zeit in unserer Gesellschaft.

Register

Rezepte von A bis Z

L

M

N

O

P

Q

R

S

Rund um die Rezepte von A bis Z

Danke

Für dieses Buch habe ich vor allem nach guten Lösungen gesucht für die kulinarischen Aufgaben des Alltags – die wichtigste Inspirationsquelle dafür sind meine eigene Familie, meine Freunde, Nachbarn und Kollegen. An erster Stelle stehen meine Tochter Emma und meine Frau Susanna mit ihren Ideen, Vorlieben und Antipathien für Zutaten, Zubereitungen und kulinarische Rituale. Außerdem danke ich Ulla, Inge, Alida, Ralf und Nike und der Magnolienweg-Genießer-Gang, die mir immer wieder neue Anregungen für alltagstaugliche Neuerungen in Küche und (Gemüse-)Garten liefern.

Natürlich danke ich auch den Freunden und Kollegen aus meinem kulinarischen Arbeitsumfeld für ihre unermüdliche Hilfe: Wenn Alex Kühn, Foodstylist und Chef meiner Versuchsküche, nicht bis zur Erschöpfung jedes Rezept getestet und dann fürs Foto gekocht hätte, wäre dieses Buch immer noch nicht fertig. Silvio Knezevic, Koch und bald Fotograf, hat ihm dabei sehr geholfen, obwohl er sich eigentlich auf seine Diplomarbeit hätte vorbereiten sollen. Barbara Bonisolli hat nicht nur die wunderbaren Bilder fotografiert, sondern auch – dank klaren Urteils und eines äußerst verwöhnten Gaumens – manche Verbesserung vorgeschlagen, die ich gerne aufgenommen habe. Dank gebührt auch Anja Prestel, einer wahren Magierin in der Welt der digitalen Bildbearbeitung.

Monika König, Cornelia Hanke und Angelika Vogl betreuen jetzt schon mein drittes Buch für den Verlag Mosaik bei Goldmann mit großem Engagement und Geduld. Vielen Dank für die angenehme Zusammenarbeit.

Meiner Frau, der Autorin Susanna Bingemer, danke ich außerdem für ihre Tätigkeit als Textchefin in unserem gemeinsamen Büro. Sie liest jeden meiner Sätze als erste. Für dieses Buch hat sie außerdem einen eigenen Text beigesteuert.